101

ideas creativas para
FAMILIAS

101
ideas creativas para
FAMILIAS

editorial clie

**David y Carol Sue Merkh,
con la colaboración de Silas y Weslania Cunha
y Eduardo y Karen Ferraz**

EDITORIAL CLIE
C/ Ferrocarril, 8
08232 VILADECAVALLS
(Barcelona) ESPAÑA
E-mail: libros@clie.es
http://www.clie.es

101 IDEAS CREATIVAS PARA FAMILIAS
ISBN: 978-84-8267-849-8
Depósito Legal: B 6189-2015
VIDA CRISTIANA
Familia
Referencia: 224855

DEDICATORIA

Para los alumnos casados del Seminário Bíblico Palavra da Vida... Que este libro estimule sus ideas, fortalezca sus familias y estreche los lazos de amor, para la gloria de Dios para toda la eternidad.

Soli Deo Gloria

SOBRE LOS AUTORES

David Merkh tiene un doctorado en Ministerio (con énfasis en lo familiar) del Seminario Teológico de Dallas, en Estados Unidos. Es profesor del Seminário Bíblico la Palavra da Vida, en Atibaia, SP, desde 1987. Su esposa, **Carol Sue**, se graduó en Pedagogía por la Universidad de Cedarville, en Estados Unidos, y tiene un ministerio de consejería y discipulado para chicas jóvenes y mujeres. Casados desde 1982, la pareja tiene seis hijos (dos ya casados) y 8 nietos. Son autores de trece libros sobre temas familiares, bíblicos e ideas creativas para la vida y la familia.

CONTENIDO

Ideas para la Noche de la familia

Ideas de preparación para El matrimonio

Ideas para el Cumpleaños/aniversarios

Ideas para Recuerdos y memoriales

Ideas para Viajes

Ideas para Comidas

Ideas para el Ministerio familiar

Ideas para Las finanzas

PREFACIO

Como laboratorio fue un lugar ideal: una casa en la playa en el litoral norte de São Paulo. ¿Los científicos? Profesores y alumnos del Seminário Bíblico Palavra da Vida. ¿Los conejillos de indias? El mismo grupo, 13 personas, padres y madres, con 7 niños. ¿La experiencia? Investigar, soñar, probar y anotar tantas ideas como fuese posible durante una semana, ideas que servirán de apoyo para la familia cristiana. ¿El resultado? Este, el cuarto volumen de la serie "101 ideas creativas".

Usted se puede preguntar: "¿Otro libro sobre la familia? ¿Es posible ofrecer una nueva contribución a un mercado evangélico ya repleto de material sobre el hogar?". La respuesta es sí... y no.

No, porque este libro, así como los tres primeros volúmenes en esta serie, no se propone inventar algo nuevo; de hecho, es una compilación de varias ideas que fueron extraídas de muchas fuentes (como alguien dijo: "Copiar de una sola fuente es plagio; copiar de muchas fuentes es investigación").

En nuestra investigación, tanto en inglés como en portugués, procuramos descubrir ideas prácticas y bíblicas para la familia evangélica. También recordamos experiencias que dejaron huellas profundas en nuestras historias familiares y que podrían servir de motivación para otros.

¿Algo nuevo sobre la familia? La respuesta es sí, pues existe un aspecto de originalidad muy importante en este libro. De acuerdo a lo que investigamos, no hay otro libro de ideas de esta naturaleza en el contexto evangélico. Nos encontramos ante un libro objetivo, práctico y bíblico, que resume los frutos de generaciones de experiencia de vida en el hogar cristiano.

Nuestro trabajo fue más agradable debido a nuestro interés personal en el producto final. No éramos meros investigadores

académicos, sino que la motivación que teníamos era la super-
vivencia personal, ya que todos somos miembros de una familia,
padres, ministros del Evangelio que desean el éxito de la familia
evangélica.

Este libro es para usted, estimado lector, que desea descubrir
ideas que funcionen en su familia; pero este libro también es para
nosotros, pues deseamos tener familias que glorifiquen a Dios en
un contexto cada vez más hostil a los valores cristianos.

Si Jehová no edifica la casa, en vano trabajan los que la
edifican (Salmo 127:1).

INTRODUCCIÓN

ESCENA 1: Primer día de vacaciones escolares. Son las diez de la mañana.

—¡Mamá, no tengo nada que hacer!

—Vaya y juegue con sus soldaditos.

—¡No quiero!

—Vaya a ver televisión.

—No hay nada bueno.

—Vaya a jugar en la casa de Santiago.

—Él no está en la casa.

—Entonces haga un dibujo.

—Ya lo hice.

—Entonces pregúntele a su papá.

—Él me mandó que te preguntara...

ESCENA 2: Con gran sacrificio, planeamiento y no sin algunos reclamos, la familia Santos por fin consiguió separar una noche para que todos la pasen juntos.

MAMÁ: ¡Qué bien! ¡Toda la familia reunida!... ¿Qué vamos a hacer?

PAPÁ: Fue idea tuya... Pensé que tú habías planeado algo.

MAMÁ: Tú eres la cabeza del hogar... Pensé que tú tendrías algo especial.

JÚNIOR: *(interrumpiendo)* ¡Vamos al parque!

MARÍA: Pero llovió toda la tarde... Es que todo está mojado... ¡Ya sé! ¡Juguemos a las escondidas!

MAMÁ: ¿En este apartamento? No hay lugar ni para que un ratoncito se esconda.

PAPÁ: Podemos lavar el carro...

JÚNIOR: Oh, papá..., ¡dijiste que nos íbamos a divertir juntos!

MAMÁ: ¡Ya sé! Miremos el álbum de fotos de la...
TODOS: ¡Aaahhhhh!...
PAPÁ: Yo tengo una idea...
JÚNIOR: ¿Qué es, papá?
MARÍA: ¡Cuéntanos!
PAPÁ: ¡Veamos televisión!
TODOS: ¡Bien! ¡Muy bien! ¡Veamos TV!

Nuestra intención en este libro de ideas creativas para familias es ofrecer un poco de esa mercancía tan escasa hoy en día: ideas. No para reemplazar su creatividad, pero para estimularla. Todas las ideas que reunimos aquí funcionan, pero no todas tendrán el mismo valor para su familia. Ninguna familia será capaz de probarlas todas. Ni debe intentarlo. Pero su familia –como la nuestra– con seguridad podrá aprovechar algunas ideas interesantes.

Nuestra oración es que Dios use estas ideas para fortalecer su hogar, haciéndolo un lugar agradable, vivo, dinámico y, por encima de cualquier cosa, bíblico. Esta es una buena idea.

IDEAS PARA LA RELACIÓN

Marido/esposa

MEJORES AMIGOS: Este es el ideal bíblico para la relación marido-esposa (Proverbios 2:15-17; cf. Génesis 2:18-20). Dios creó a la mujer para ser una compañera, una auxiliadora, alguien que completa lo que falta en el hombre (y viceversa) (Génesis 2:18-20). Desdichadamente, muchos hombres encaran a sus esposas no como "auxiliadoras idóneas", sino como "amenazadoras horrendas".[1] Prefieren tener esposas que no cuestionan, no opinan, no discuerdan y no piensan. Son maridos inseguros y egoístas, amenazados por cualquier éxito de sus esposas.

Al mismo tiempo, muchas mujeres no entienden la dignidad de su papel en el hogar, menospreciándolo o buscando una liberación. Tenemos que reconocer la dignidad y la preciosidad de la unión matrimonial y de los nobles papeles que Dios atribuyó al hombre y a la mujer. Juntos, hombre y mujer reflejan algo precioso de la imagen de Dios que tan solo se ve "en comunidad": dos en uno; dos personas distintas, pero unidas; diferentes, pero iguales; con funciones específicas e igualmente dignas; con variedad de habilidades, pero unidad de propósitos (Génesis 1:27). Todo eso es un reflejo de la Santa Trinidad.

Además, la unión marido-esposa refleja aspectos del amor incondicional de Dios para con su pueblo, tanto Israel cuanto la Iglesia: paciencia, misericordia, gracia, bondad, etc.

Qué privilegio le dio Dios a estos "mejores amigos": ¡reflejar la gloria divina a través de su propia relación! La pareja debe proteger su relación a cualquier costo, no por amor a los niños, no

---

[1] David N. Cox, *Aumento da casa de amor* (Atibaia, SP: Seminário Bíblico Palavra da Vida).

para preservar su testimonio ante los vecinos, no para garantizar su reputación ante los miembros de la Iglesia, ¡sino para reflejar en la tierra la imagen de Dios! Cultivar esta amistad es una tarea que durará una vida. Las ideas que siguen tienen por finalidad dar sugerencias prácticas para que esto suceda.

Cesta de amor

Material necesario: Cesta pequeña de mimbre, decorada; 30 bombones; 30 mensajes pequeños de amor para su cónyuge escritos en pequeñas tiras de papel.

Procedimiento: Envuelva los mensajes, uno en cada bombón. Haga (o pida en una floristería) un buqué de flores en la cesta e incluya los bombones. Escriba una tarjeta con la siguiente instrucción: "Abrir un bombón cada día del mes. Encontrarás una pequeña sorpresa en cada uno de ellos". Entregue la cesta personalmente o a través de un mensajero.

Variación: Cesta con 365 bombones (uno para cada día del año).

Tiempo de sofá

Gary y Anne Marie Ezzo, del ministerio Educación de Hijos de la Manera de Dios, ofrecen una excelente sugerencia para proteger la centralidad de la relación marido-esposa contra las tendencias del *hijocentrismo* de nuestros días. Muchas veces, cuando papá o mamá llega a la casa después de un día difícil de trabajo, la tendencia es volver toda la atención para los hijos, para el periódico o la TV, pero los niños seguros tienen que ver evidencias concretas de que mamá y papá se aman, así como que la relación de ellos es firme y saludable. Para eso se sugiere un *tiempo de sofá*, o sea unos 10 o 15 minutos de conversación particular y que no sea interrumpida, entre los dos en un lugar más o menos visible para los niños. En estos primeros minutos después de volver del trabajo, los dos deben compartir los eventos de su día: preocupaciones, dificultades y victorias.[2]

Los niños deben ser instruidos en que estos momentos son preciosos para mamá y para papá, y que no deben ser interrumpidos, a no ser en casos de emergencia. Quizá demore algunos días para que ellos entiendan esto, pero enseguida el *tiempo de sofá* se volverá un hábito saludable no solo para la relación marido-esposa, sino también para la seguridad de los hijos en el amor de sus padres. "¡El mejor regalo que un papá puede darle a sus hijos es el amor por la mamá de ellos!"

3   *Replay* de la luna de miel

Planifique un final de semana en el mismo hotel donde la pareja se hospedó durante su luna de miel. De preferencia, reserve el mismo cuarto. Prepare un programa de paseos a los mejores lugares donde la pareja estuvo para recordar los momentos agradables que tuvieron en su luna de miel.

Variaciones:

⊘ Programe el evento para la fecha de conmemoración del aniversario de matrimonio.

⊘ Los hijos podrán alistar este evento como un regalo para los padres.

⊘ Una experiencia renovadora en el matrimonio son los recuerdos y la repetición de los votos nupciales. Anualmente, se puede realizar en la conmemoración del aniversario de matrimonio, o en un culto especial, ante la familia o como parte del *replay* de la luna de miel. Sería una excelente idea registrar los votos y colocarlos en un lugar especial en la casa.

---

[2] Gary y Anne Marie Ezzo, *Educação de Filhos à Maneira de Deus* (Pompéia, SP, Brasil: Gráfica e Editora, 1997) 50.

4 Protegiendo la relación

En estos días en que la fidelidad conyugal es asolada por todos los lados, marido y esposa necesitan tomar precauciones para evitar cualquier desliz. "¡Es mejor prevenir que lamentar!" Puede parecer anticuado, pero el hombre que ama a su esposa hace de todo para evitar situaciones que lo comprometan, y viceversa. El propio patriarca Job no estuvo inmune de tentaciones sexuales y edificó paredes de protección en su vida:

> Hice pacto con mis ojos; ¿cómo, pues, había yo de mirar a una virgen? (Job 31:1).

Algunas ideas prácticas de protección para el hombre (o la mujer) incluyen:

- Fotos de la esposa o del marido en la oficina, en el automóvil, en la agenda, en la billetera, etc.
- Llamadas constantes a la casa cuando esté viajando.
- Apagar el televisor en el hotel en que se hospedó, o mejor, pedir un cuarto sin televisor.
- Desviar los ojos de la sección de revistas.
- Evitar quedarse a solas con personas del sexo opuesto en el automóvil, en la oficina, etc.
- Hablar mucho (y bien) del cónyuge delante de otras personas.
- Enviar (o dejar) notitas de amor en la maleta del cónyuge o esparcidos por la casa.
- Conseguir un compañero (para el marido) o compañera (para la mujer) de oración para la prestación de cuentas mutuamente, para cerciorarse de que están caminando bien en esa área de su vida.

5

Encontrando el tesoro

Material necesario: Pistas, premio.
Procedimiento: Uno de los cónyuges alista un 'tesoro' para el otro y lo esconde. Prepare varias pistas, cada una llevando a la siguiente y terminando en el tesoro. Entregue la primera pista al cónyuge y déjelo seguir el camino de las pistas hasta que llegue al tesoro. Sea creativo. Use vecinos, parques, almacenes, etc., para esconder sus pistas.

6

Encuentro particular

Durante el noviazgo, la pareja mal consigue esperar hasta la próxima cita o la próxima oportunidad para estar en compañía uno del otro en un lugar especial. Esta pasión tiene que ser mantenida durante el matrimonio. Ponerse citas particulares, sin los hijos, es una manera de fortalecer la relación conyugal. No permita que las dificultades financieras, el correcorre de la semana o la llegada de los hijos creen obstáculos en su relación, que debe ser prioridad en su hogar. Su encuentro puede ser un paseo en un centro comercial o en un parque, un almuerzo especial, una merienda al finalizar la tarde, o inclusive una salida para un día y una noche en el apartamento de un amigo. No es tan importante lo que ustedes decidan hacer, sino el tiempo que se dedicarán el uno al otro.

7

¡Mamá, papá te ama!

Material necesario: Flores, tarjetas, pequeños recuerdos, etc.
Procedimiento: Sin que la mamá lo sepa, cuéntele a sus hijos cuánto ama a su esposa y que usted desea demostrárselo.

Entonces sugiera algunas maneras de demostrarle su amor y pídales a sus hijos sugerencias de cómo hacerlo. Aliste junto con ellos la sugerencia escogida y déjelos que hagan la entrega.

Variación: ¡Papá, mamá te ama!

IDEAS PARA LA RELACIÓN

Padres/hijos

Podemos resumir la responsabilidad que la Biblia imparte a los padres cristianos en dos palabras:

○ Crianza (discipulado).
○ Corrección (disciplina; véase Efesios 6:4).

Para cumplir con su deber, es necesario que los padres creen una relación abierta, respetuosa mutuamente, en un contexto de amor incondicional. Pero, sobre todo, ustedes necesitan pasar tiempo juntos, tiempo de calidad y tiempo en cantidad.

Casi todos los textos que tratan de la relación entre padres e hijos en la Palabra de Dios destacan el papel fundamental de los padres (no del jardín, no de la profesora de escuela dominical, ni del líder de los adolescentes) en la transmisión de su fe a la próxima generación. Tenemos que rescatar este énfasis bíblico en la crianza de nuestros hijos.

Mientras los padres crían y corrigen a sus hijos, deben tener cuidado para no provocarles a la ira. Esto no quiere decir que los padres tengan que hacer tan solo lo que les agrada a los hijos. Los padres son autoridad en la vida de sus hijos, y la amistad es el objetivo final del proceso de crianza, no el punto de partida.

> Y vosotros, padres, no provoquéis la ira a vuestros hijos...
> (Efesios 6:4).

> Padres, no exasperéis a vuestros hijos, para que no se desalienten (Colosenses 3:21).

Hay muchas maneras con las cuales los padres provocan o desaniman a sus hijos. Para estimular su propia creatividad (y quizá incomodar su conciencia), piense en la siguiente lista:

- Sacudidas.
- Abuso.
- Disciplina con gritería o rabia.
- "Perseguir a otra persona".
- Negativismo (criticar siempre y nunca elogiar).
- Conflicto entre los padres (autoridad dividida).
- Comparaciones entre hermanos.
- Ridiculizar (avergonzar en público al hijo).
- Amenazas (que no se cumplen).
- Frustración (no insistir en la obediencia inmediata después de dar la orden en un tono de voz normal).
- Reglas vagas e inconstantes, demasiadas y sin ejemplo de vida de los padres.
- Falta de disciplina.
- Falta de tiempo para los hijos.
- Falta de pedido de perdón cuando los padres se equivocan.
- Conflictos conyugales.[3]
- *Hijocentrismo* (cuando los hijos están en el centro del universo familiar, y no la relación conyugal).

Para motivarlos a ustedes en la valiosa tarea de criar a sus hijos en la "amonestación y disciplina del Señor", le ofrecemos ideas que servirán no solo para fortalecer la relación entre padres e hijos, sino que también los ayudará a transmitir su fe a los hijos, nietos y bisnietos.

---

[3] David N. Cox, *Aumento da casa de amor* (Atibaia, SP: Seminário Bíblico Palavra da Vida).

Vestir la camiseta familiar

Una familia saludable tiene una fuerte sensibilidad de su propia identidad, o sea que todos se sienten miembros de un equipo. Los padres provocan esta sensación de identidad cuando elogian públicamente a sus hijos y declaran su alegría de participar en ese equipo. Hacer una declaración de propósitos, junto con objetivos a corto y largo plazo, ayuda en este sentido. La formulación de sueños familiares también puede contribuir para una identidad especial.

¿Qué tal diseñar y fabricar una camiseta familiar para cada miembro de la familia? Esta camiseta puede ser encomendada en muchos almacenes, o por medio de algunos programas de computador y una buena impresora. Sería muy bueno incluir la foto de la familia impresa en la parte del frente de la camiseta y el apellido en la espalda (por ejemplo, "Familia Silva"). Podemos incluir el versículo predilecto de la familia, los nombres de los familiares u otros puntos que sobresalgan en el ambiente familiar.

Cena nostálgica

Los hijos deberán alistar la cena. La sala será decorada de manera especial para este acontecimiento: con flores, velas, cubiertos especiales... Después de la cena, servida por los hijos, los padres serán entrevistados y podrán mostrar algunas fotos del tiempo del noviazgo, contando y recordando hechos graciosos (interesantes y chistosos).

10 ¿Ya lo hicieron juntos?

Piense en la siguiente lista como algo representativo de muchas actividades que padres e hijos pueden realizar juntos. ¿Ustedes, cuántas ya hicieron juntos? El propósito de la lista no es el de culpar a nadie, sino el de estimular a padres e hijos para que puedan rescatar un tiempo precioso juntos:

- Jugar con un balón.
- Hacer y elevar cometas.
- Ir en bicicleta.
- Pescar.
- Caminar por un bosque.
- Leer un libro.
- Estudiar.
- Ver una película.
- Ir al parque.
- Ir al zoológico.
- Ir al circo.
- Construir un automóvil de ruedas esferadas.
- Armar un avión a escala.
- Salir juntos para un almuerzo o una cena.
- Ir de compras.
- Lavar el automóvil.
- Plantar un árbol o una hortaliza.
- Arreglar la casa, el trastero, etc.
- Hacer un pícnic.
- Armar un rompecabezas.
- Ir al centro comercial.
- Cocinar.
- Hacer un asado (churrasco).
- Surf.
- Subir una montaña.
- Hacer un mueble de madera.
- Jugar al fútbol.
- Jugar con juegos de mesa.
- Contar chistes.

Hacer las cosas juntos les da a los hijos no solo la sensación de que son amados, sino también la sensación de pertenencia (John M. Drescher).

11 Versículos y recordatorios

Material necesario: Tarjetitas en blanco o decoradas.

Procedimiento: Identifique áreas en la vida de los hijos y los papás en las que estén pasando por alguna dificultad. Busque versículos bíblicos y escríbalos en una tarjeta, o anote algún mensaje que los motive a luchar para superar el problema. Colóquelos en lugares visibles, tales como las paredes del cuarto, debajo del plato, en la maleta del colegio, en el computador, en la bicicleta... Haga de los recordatorios un juego agradable, y no un juego de culpa.

12 Principios de disciplina

Desdichadamente, no existe un método uniforme para todo caso de disciplina. Lo que funciona para un niño de 3 años tal vez sea totalmente inadecuado para un preadolescente de 12, y viceversa. Al mismo tiempo, hay mucha confusión sobre cómo administrar disciplina de manera que comunique amor incondicional, pero que se muestra firme con el pecado. A continuación, les sugerimos una serie de pasos en la administración de disciplina, sea cual sea el método escogido:[4]

---

[4] Un libro que recomendamos sobre la disciplina de niños es: *Crianças, prazer ou irritação?* de Anselmo y Patricia Fabricio (São Paulo, SP: Editora Sepal, 1986).

- Cerciorarse de que la instrucción o prohibición fue hecha de manera clara, objetiva y con entendimiento (se sugiere que el niño responda "sí, papá" o "sí, mamá" después de recibir una instrucción para verificar si hubo comprensión). A veces la desobediencia es contra un principio claro que el niño debería conocer. Los padres no deben tener miedo de disciplinar si saben que el niño ya entiende el principio.
- Cerciorarse de que el niño realmente desobedeció la instrucción/prohibición de forma premeditada.
- Cerciorarse de que el niño reconoció lo que hizo mal y comprende por qué los padres deben disciplinarlo (véase Hebreos 12:3-11).
- Escoger la mejor forma de disciplina. En general, esta sigue dos rumbos: la aplicación de la vara (véase Proverbios 19:18) y las consecuencias naturales (Proverbios 19:19). La edad del niño, la naturaleza de la ofensa y otros factores contextuales ayudarán en este sentido.
- Afirmar su amor incondicional y explicar exactamente lo que usted pretende hacer para disciplinar a su hijo.
- Dar la oportunidad para que el niño pida perdón (no disculpas). Hasta que esto suceda, no hay base para restaurar la relación.
- Cerciorarse de que usted no está administrando la disciplina con ira (si es necesario, pida un tiempo para que usted pueda corregir su actitud).
- Aplique la disciplina apropiada (palmadas en el trasero, suficientes para arder, pero no para maltratar; o las consecuencias naturales, o sea, castigo).
- Cerciorarse de que el niño aceptó la disciplina sin causar escándalo o con llanto sin parar; en caso contrario, tendrá que ser disciplinado nuevamente (véase Proverbios 3:11-12, sobre la importancia de aceptar disciplina/corrección).
- Afirmar su amor incondicional por el niño con expresiones verbales y físicas.
- Orar con el niño.
- Volver a su vida normal, sin hablar de la ofensa para otros o usarla como arma contra el niño.

Este proceso parece demorado, ¡y lo está! Cuesta conseguir que se cumpla en su totalidad, pero recuerde que ni toda ofensa exigirá todo el proceso. ¡Después de alguna experiencia, los pasos se volverán naturales y espontáneos, hasta el punto de que usted verá a sus hijos usando los mismos criterios para disciplinar a sus muñecos!

13   Dibujando el sermón

Material necesario: Lápiz/bolígrafo; cuaderno.

Procedimiento: Una de las dificultades más grandes que los padres enfrentan en la iglesia es cómo mantener a sus hijos controlados durante el culto cuando no hay programación especial para ellos. Además, ¿cómo hacerlos prestar atención al mensaje y a las otras actividades del culto?

Una respuesta que encontramos y que funciona muy bien con algunos de nuestros hijos es pedir que dibujen el mensaje que están oyendo. Con esta finalidad conseguimos un cuaderno, un lápiz o un bolígrafo. Para los más pequeños les damos sugerencias durante el mensaje sobre lo que deben ilustrar. Los mayores consiguen hacerlo solos.

> **SUGERENCIA:** ¿Qué tal mostrarle a su pastor el sermón que acaba de pronunciar ilustrado por su hijo? ¡Quizá será la motivación más grande que recibirá en el mes!

14 Día de la abuela

Exige mucho valor, pero una idea que ha dejado un impacto profundo en mi familia es el "Día de la Abuela". Cuando sea posible, la abuela designa un día de la semana, ya sea por la mañana o por la tarde, como el "Día de la Abuela". Los nietos que viven cerca de su casa se reúnen para pasar un día especial solo de ellos. Además de que es un alivio tremendo para las mamás, los niños crean recuerdos que nunca olvidarán. Juegan en el jardín de la abuela, leen libros juntos, hacen trabajos manuales y trabajan. Es el día más esperado de la semana y una oportunidad para que la abuela continúe invirtiendo el amor de Dios en la vida de sus descendientes. Aunque no consiga un día a la semana o en el mes, un "Día de la Abuela" de manera ocasional contribuirá decisivamente en el desarrollo de sus nietos, ¡y en la sanidad mental de sus mamás!

IDEAS PARA LA

Comunicación familiar

CÓDIGO 1000: "Oye, hijo mío" es la llamada que el padre autor de Proverbios hace casi 10 veces. El padre sabio consigue la atención de su hijo para poder transmitirle informaciones que, con seguridad, le cambiarán el rumbo de su vida.

¿Cómo conseguir la atención de sus hijos? ¿Cómo abrir las líneas de comunicación que permitan a los padres ser las influencias principales en sus vidas? Una manera sería estar de acuerdo, como familia, en seguir estas "reglas de comunicación", adaptadas de H. Norman Wright para facilitar la comunicación familiar:[5]

REGLAS DE COMUNICACIÓN
(Adaptadas de H. Norman Wright)

○ Sea un oyente atento y no responda hasta que la otra persona haya acabado de hablar (Proverbios 18:13; Santiago 1:19).

○ Diga siempre la verdad, y hágalo desde el amor, sin exageraciones, pero sin contar también verdades que no son necesarias (pues van a maltratar gratuitamente) (Efesios 4:15-25).

○ Nunca use el silencio como arma. Explique sus motivos para no hablar en esa hora.

○ No se meta en peleas. Es posible no estar de acuerdo sin pelear. Aprenda a arreglar su ira sin tener que necesariamente resolver la cuestión (Proverbios 17:14; 20:3; Romanos 13:13; Efesios 4:26-31).

○ No responda con rabia. Use la respuesta blanda y bondadosa (Proverbios 15:1).

---

[5] Norman H. Wright, *Comunicação: A Chave para o seu Casamento* (São Paulo, SP: Mundo Cristão, 1986) 177-178.

➲ Cuando esté equivocado, admítalo y pida perdón (no "disculpas", las disculpas funcionan para los accidentes; el perdón se dirige a las ofensas; Santiago 5:16). No recuerde ofensas que ya fueron perdonadas ni las use en discusiones posteriores (Efesios 4:32).

➲ No ataque personalmente a otra persona ni use nombres peyorativos. En lugar de eso, restaure, anime y edifique (Romanos 14:13; Gálatas 6:1; I Tesalonicenses 5:11). Si alguien lo ataca verbalmente, no reaccione de la misma manera (Romanos 12:17- 21; 1 Pedro 2:23; 3:9).

Estamos de acuerdo en obedecer estas reglas:

Nombre y fecha: _____

Nombre y fecha: _____

Nombre y fecha: _____

Nombre y fecha: _____

Intente comprender la opinión del otro. Deje espacio para las diferencias (Filipenses 2:1-4; Proverbios 18:2). Enseguida surgirán algunas ideas que tienen el siguiente objetivo en mente: ¡Una comunicación saludable entre padres e hijos!

15 Concilio familiar

Durante el transcurso del año promuevan reuniones oficiales para tratar los "negocios de la familia" –asuntos más serios– y/o tomar decisiones que afecten a todos los miembros de la misma. Si es posible, el papá debe presidir la reunión. Esta debe empezar y terminar con oración y será objetiva, aunque el asunto que se vaya a tratar sea difícil.

Algunas reglas básicas que deben ser observadas:

➲ La opinión de cada miembro debe ser oída con respeto.

➲ Nadie puede interrumpir cuando otra persona tenga la palabra.

➲ Nadie puede levantar demasiado la voz.

○ Se buscarán y se aplicarán los principios bíblicos relacionados con el asunto.

○ En el caso de haber votación, los padres deciden el peso de cada voto si la decisión exige o no unanimidad.

○ Asuntos que pueden ser tratados en el "concilio familiar":

➡ Adónde ir de vacaciones.
➡ Problemas de relaciones interpersonales.
➡ Decisiones financieras.
➡ Reglas y principios para el noviazgo.
➡ Cambios de empleo, de casa o de iglesia.

Variación: Un libro de actas de la familia. Este libro es el *registro oficial* de las decisiones, de los acontecimientos y de las *actas* de los concilios familiares. Alguien deberá ser designado como secretario, o los distintos miembros de la familia pueden intercalarse en esta función. El libro servirá de recuerdo de los momentos más importantes en la vida familiar y también como registro oficial de las decisiones tomadas.

16 Diario de la familia

Material necesario: Una agenda hecha por la familia, o que la hayan comprado en la librería; un bolígrafo con un cordel amarrado a la agenda.

Procedimiento: En los días actuales, la comunicación de la familia está perjudicada, pues, en general, los horarios de los familiares no coinciden. Ejemplos: cuando el papá se va a trabajar, el hijo aún no se despertó; cuando la hermana menor va a almorzar, el hermano mayor no ha llegado del colegio. El diario de la familia tiene el propósito de mejorar la comunicación en los diferentes contextos del hogar, así como evitar razones equivocadas, avisos olvidados y la acumulación de otras cosas que habitualmente acaban cayendo en las manos de las mamás. Es un excelente recurso para que todos anoten las cosas que consideran importantes. De esta manera, si todos dan una miradita en el diario, podrán ayudarse unos a otros y mantener la dinámica de la comunicación, aun estando ausentes.

> **QUÉ DEBE ANOTARSE:** acciones de gracias, agradecimiento y alabanza a Dios; avisos; razones; ideas, etc.

> **ADVERTENCIAS:** no se debe tachar, arrancar las hojas o anotar bobadas; este diario debe estar en un local donde todos lo encuentren.

Variaciones:
- Durante la semana, cada miembro de la familia debe escribir un mensaje en una agenda o cuaderno de recuerdos de los otros miembros (frase o poesía que exalte la amistad). En el fin de semana, cuando todos estén reunidos, cada uno deberá leer los mensajes recibidos.
- Si no tienen una agenda o cuaderno de recuerdos, los mensajes podrán ser escritos en papelitos colocados en el bolsillo de alguna ropa, en las páginas de un libro que el otro miembro de la familia esté leyendo, en el cuaderno escolar, en la puerta de la nevera, etc.

17   La regla de la interrupción

Cuando el niño quiera hablar con uno de sus padres, pero estos se encuentren conversando con otra persona, en vez de interrumpir, el niño debe ser instruido a que calmadamente coloque la mano en el brazo del papá o la mamá y espere su turno de hablar en silencio. Esto significa que él desea hablar con el papá o la mamá, pero que respeta su edad y la conversación con la otra persona. Para reconocer la presencia del hijo, los papás colocarán su mano encima de la mano del niño, avisándole silenciosamente de que entendieron el pedido. De esta manera, cuando tengan un espacio en la conversación, entonces atenderán al niño.[6]

18   Código hablar 10

"Código hablar 10" es una expresión usada por un hijo cuando necesita hablar con uno de sus padres urgentemente. Los padres que quieren estar siempre accesibles a sus hijos, pero al mismo tiempo no desean ser interrumpidos en cualquier momento por cualquier motivo, pueden implantar este sistema de códigos del 1 al 10. Cuando el hijo necesita conversar en una hora inadecuada para el papá o la mamá, puede invocar la expresión "código hablar 10", que será la señal para sus papás de que el asunto es de gran importancia y no puede esperar. Por otra parte, los papás que prefieren no ser interrumpidos le pueden preguntar al hijo: "¿Cuál es el código?". Si la respuesta es "5" o menos, el hijo probablemente puede esperar. Si es "6" o más, los papás tendrán que evaluar muy bien si deben parar lo que están haciendo o no. Es obvio que los padres deben entrenar a sus hijos en el uso del sistema con cuidado, no abusando y designando el código adecuado para cada situación. También se sobrentiende que no es un modelo para cualquier conversación entre padres e hijos, sino solamente para los momentos en que los padres están relativamente ocupados.[7]

[6] Gary y Anne Marie Ezzo, óp. cit., pp. 87-96.
[7] Adaptado del currículo *Growing Together Through the Middle Years*, por Gary y Anne Marie Ezzo, fundadores de Growing Families International.

19   La ventana abierta

La "ventana abierta" no es en sí misma una idea creativa, sino una señal de alerta para que los padres aprovechen los raros e inesperados momentos en que el hijo abre, aunque tan solo sea por poco tiempo, una ventana hacia su mundo interior. Algunas personas observaron que cada uno de nosotros tiene tres mundos:

- El mundo público (que todo el mundo ve).
- El mundo particular (que nuestra familia y personas cercanas ven).
- El mundo privado (que solo se ve por una invitación especial).[8]

Se admiten para este último mundo personas especiales, que son de confianza para escuchar sobre los sueños, las decepciones, las alegrías y las tristezas más íntimas. Es muy importante para los papás el poder reconocer cuando estos momentos se presentan, y también permitir que ambientes propicios sean creados en casa con este fin. Algunas ocasiones en las que los niños abren el corazón son:

- La hora de ir a dormir.
- Un paseo por la noche, bajo el cielo lleno de estrellas.
- Alrededor de una fogata.
- Un tiempo a solas con los padres.
- Después de una gran decepción o derrota.

ADVERTENCIA: tenemos que desarrollar una sensibilidad muy grande para no desperdiciar o pisotear estas oportunidades en la vida de nuestros hijos. Cuando el niño abre la ventana de su alma, no es el momento de entrar y hacer un nuevo arreglo de los muebles del cuarto de su corazón, o sea, regañar, dar lecciones, criticar o decir "¿Yo no te avisé?"; al contrario, es la hora de escuchar, sentir, compadecerse y comprender.

[8] Ibíd.

20 Código a distancia

Esta es una manera de comunicarnos silenciosamente con nuestros hijos, con facilidad y precisión, en la distancia. Un silbido, un chasquido con los dedos u otro gesto son códigos eficaces y prácticos que en muchas ocasiones dejamos de utilizar. Los padres deben ponerse de acuerdo antes con los hijos sobre el significado de cada silbido, sonido o gesto; al ponerse de acuerdo, solo necesitan usarlo. Algunas familias desarrollan un silbido familiar, un código único para su familia que puede usarse en supermercados muy grandes, parques, etc., con el fin de poder localizar a los otros miembros de la familia.

IDEAS PARA LA

Noche de la familia

Un hábito que puede ser cultivado por toda la familia es la "noche de la familia". Con tantas demandas de nuestra vida tan apresurada, con clases de piano, danza, escuela de fútbol y karate, con la competencia con la TV, con las reuniones y compromisos de la iglesia, así como con las exigencias en el trabajo y en la carrera de los padres, se hace más difícil que la familia tenga una noche en la que todos estén en casa. Para que esto sea posible será necesario establecer prioridades y aprender a decir "no" a algunas actividades que son buenas pero que no son más importantes que el tiempo invertido junto con la familia.

¿Qué es la "noche de la familia"? Es una noche especial, separada de las otras, en las que las agendas individuales y familiares deben estar protegidas a cualquier costo (puede haber excepciones, pero deben ser solo eso, excepciones, y no la regla). Esa noche (que también puede ser un día, dependiendo de las circunstancias familiares), la familia hace conjuntamente la merienda o una comida, participa de una actividad especial (en general planeada con anticipación) y tiene la oportunidad para una instrucción espiritual corta y objetiva.

Para que todos los miembros se involucren en la "noche de la familia" y, al mismo tiempo, tengan la oportunidad de programar actividades que ellos mismos también aprecien, procure hacer una rodada de alternativas, en la que los distintos miembros tengan el privilegio de escoger lo que será hecho en la noche especial. Es muy aconsejable que los hijos mayores reciban la responsabilidad de planear y preparar algunas noches de la familia.

> **Recomendación:** Vale la pena instituir este hábito y así rescatar, aunque artificialmente, un valioso aspecto de unión familiar.

21 Cine en casa

La familia se reúne para ver películas de viajes, cumpleaños, ocasiones especiales, videos caseros que ellos mismos hayan registrado, etc. Todos participan. Asimismo, cuentan algún hecho interesante que haya sucedido y que no fue registrado por la cámara, o algo interesante e impactante para su vida.

22 Noche de los elogios

Material necesario: Papeles doblados con los nombres de todos los miembros de la familia.

Procedimiento: Hacer el sorteo de los nombres. Después cada uno preparará un elogio sobre la persona que le tocó. Al día siguiente, tras la cena, toda la familia participará de la "noche de los elogios" y hará el suyo respecto del sorteado.

23 Noche de juegos

Material necesario: Juegos de mesa

Procedimiento: Escoja una noche que solo sea para jugar en familia. Seleccione juegos de acuerdo con la edad de los niños. En el caso de que hubiera mucha diferencia de edad entre sus hijos, permita que cada uno escoja un juego durante 20 o 30 minutos.

Variación 1: En vez de jugar con juegos de mesa, juegue en el patio o jardín de la casa, en el parque o en un área de recreación en su casa o apartamento.

Variación 2: También se pueden armar rompecabezas (con un grado de dificultad que no frustre a sus hijos).

Variación 3: ¿Qué tal hacer un campeonato con juegos en el computador? ¡Papá, cuidado, su hijo le puede ganar!

24 Ciego por una noche

Esta idea ayuda a los niños a identificarse con personas menos privilegiadas, especialmente las que no ven. En un período del día (que incluya una comida), coloque una venda a su hijo que le tape los ojos. Permita que él pruebe la oscuridad total de una persona ciega y algunas de sus dificultades, aun con tareas que consideramos fáciles. Después de esta experiencia, pídale que la comparta con ustedes, lo que sintió, lo que aprendió, etc.

25 Paseo en la naturaleza

Aléjense de las carreras del día a día y programen un paseo por un parque, un bosque o un jardín cerca de su casa. Aprovechen para conversar en familia sobre la creación como expresión de la grandiosidad y la bondad de Dios. Despierten su capacidad de observación y busquen detectar aquellos detalles de la creación que, en general, pasan desapercibidos.

26 Lectura dinámica

Material necesario: Libros de historias bíblicas o no.

Procedimiento: El papá o la mamá escoge libros o pasajes bíblicos de acuerdo a la edad de cada hijo. Tras una semana de lectura, cada uno de los hijos cuenta su historia al resto de la familia, que se encuentra reunida. Se aconseja que el papá y la mamá empiecen primero con el fin de que los hijos observen y sean motivados.

Le sugerimos que usted lea por lo menos una vez con su familia:

◗ *Las crónicas de Narnia*, de C. S. Lewis (7 libros).
◗ *El progreso del peregrino*, de John Bunyan.
◗ *Cartas del infierno*, de C. S. Lewis.

27 Noche de talentos

Planeen una reunión familiar en la que cada uno pueda alabar a Dios usando un talento especial. El programa puede incluir solistas, duetos u otros conjuntos vocales de la familia, música instrumental, lectura de poesías, dramatizaciones, títeres, minidramas. En alguna ocasión, también se puede hacer una exposición de obras de arte. Los trabajos deben seguir un tema bíblico que se haya escogido con antelación, o pueden ser el resultado de trabajos manuales hechos en la escuela dominical o en la escuela bíblica de vacaciones. Durante la exposición, cada artista puede explicar el significado de su trabajo y contar la historia bíblica con la que se relaciona. Este evento puede terminar con la lectura de Mateo 25:14-30 –la parábola de los talentos– y con un desafío para que cada persona invierta todo lo que posee –no solo bienes materiales, sino también dones y talentos– en el Reino de Dios. Quizá sea una buena oportunidad para invitar a parientes, vecinos y otros amigos.

Variación 1:

Noche del karaoke: Aliste un palco pequeño en la sala de la casa. Durante la cena, todos deben participar del evento, cantando una o más canciones mientras los demás cenan. Al finalizar, toda la familia reunida puede cantar una canción.

Variación 2: Tome fotografías o instale su cámara de video en el trípode para grabar el evento.

28 Noches temáticas

Para hacer variado el programa de la "noche de la familia", siga un tema especial durante toda la noche; por ejemplo, la "noche del ridículo", la "noche latina", la "noche antigua", la "noche del campo", etc. La familia puede conseguir música apropiada, comer comidas típicas, hacer juegos, etc.

29 La línea maestra

Material necesario: Cordel, pequeñas tiras de papel y pegante.

Procedimiento: Consejos de los padres y posibles "consejos de malos amigos" en las tiras de papel. Amarre dos cuerdas en la sala, de una pared a la otra. En una de las cuerdas, pegue las tiras que contienen los consejos buenos; en la otra, las que contienen malos consejos. Cada miembro de la familia, uno a uno, deberá retirar una de las tiras, leer en voz alta y hacer un breve comentario. Al terminar, el papá deberá concluir, mostrando cuál es el fin de cada una de las cuerdas.

30 Sellando compromisos

Material necesario: Hoja con los propósitos de la familia escritos (véase más adelante); argollas de cartón cubiertas con papel dorado, abiertas de manera que puedan ser acopladas unas a otras, formando una cadena; pegante.

Procedimiento: Cada miembro de la familia leerá el propósito y anexará su anillo a la cadena, sellando su compromiso con el propósito más grande de la familia.

31   Campin-casa

Material necesario: Tienda de campin y utensilios para el campamento.

Procedimiento: Arme una tienda de campin en el jardín de su casa y aliste todo como si la familia estuviese pasando un fin de semana en un campamento, lleve juegos y organice competencias para que todos puedan divertirse.

Variación: En vez de acampar en el jardín, arme la tienda en la sala. Será una noche inolvidable.

32   Visita al cuerpo de bomberos

Prepare con antelación una visita al cuerpo de bomberos de su ciudad, y solicite algunas explicaciones sobre primeros auxilios, prevención de accidentes y salvamientos. Además de conocer esta corporación importante, usted podrá aprender algunas técnicas de primeros auxilios. Lleve algunas tarjetas de agradecimiento y entréguelas a los bomberos.

Variaciones: También se puede visitar la estación de policía, la cámara municipal, fábricas, hospitales, etc., para enseñarles a sus hijos varias profesiones y las necesidades de la comunidad.

33   Destino desconocido

Material necesario: Juegos, merienda, material deportivo, etc.

Procedimiento: Prepare un paseo a un parque, al zoológico, a una finca, a una quinta de algún pariente o amigo sin que nadie más lo sepa. Usted apenas debe avisar a la familia de que hay un programa sorpresa escogido para esa fecha. En el día escogido, coloque en el automóvil el material necesario y tengan un día agradable en el local que todos conocerán cuando lleguen allá.

Variación: Cuando la familia no sabe qué hacer y no desea quedarse en casa, júntelos a todos y pídales que cada uno dé una dirección; por ejemplo: "derecha", "izquierda", "derecha"... Anote en orden todas las direcciones que fueron dadas (unas 20 estaría bien). Entonces, tomen el automóvil y empiecen a andar. Cada vez que lleguen a una encrucijada, siga la dirección anotada ("derecho", "izquierda", "derecha"...). Sigan hasta acabar la lista y vean ¡dónde han llegado ustedes!

IDEAS DE PREPARACIÓN PARA

El matrimonio

Mientras nos esforzamos mucho con el fin de preparar a nuestros hijos para los exámenes de acceso a la universidad, la carrera y otras actividades importantes de la vida, son pocos los padres que realmente se dedican a preparar a sus hijos para el matrimonio. Este entrenamiento empieza temprano, y continúa hasta el día en que nuestra "princesa" o "príncipe" repita sus votos para su pareja.

Quizá uno de los factores principales en el fracaso de tantos matrimonios hoy en día sea la falta de preparación que los propios padres dan a sus hijos. Tenemos que rescatar el envolvimiento de los padres en las relaciones románticas de sus hijos, pero para que eso suceda tenemos que empezar temprano; de nada sirve crear reglas y patrones con su joven hijo si usted no lo preparó desde antes para el camino, ¡cuando él tenía 7 u 8 años!

Padres y madres que quieren lo mejor para sus hijos deben preocuparse en enseñarles habilidades esenciales para el buen funcionamiento del hogar. Tanto hombres como mujeres deben tener nociones básicas de cómo cocinar, coser, lavar ropa, organizar su día, cuidar de las cuentas bancarias, hacer arreglos simples en la casa y en el vehículo, tomar decisiones financieras, etc. Si los propios padres tienen dificultad en una o más de estas áreas, nada impide que recluten amigos o conocidos para transmitir conceptos básicos a los hijos. Todo papá digno quiere que su hijo tenga más éxito que él. Un entrenamiento especial puede ser un buen paso en dirección a la meta.

Ofrecemos esas ideas para padres que quieren asumir su papel bíblico como guardianes del corazón de sus hijos, llamados para protegerlos, pero también para prepararlos para la institución más sagrada y digna en la faz de la tierra: el matrimonio.

34   Pacto familiar de noviazgo

Antes de que los hijos lleguen a la edad de interés serio por el sexo opuesto, los padres deben establecer un "pacto familiar de patrones de noviazgo", que determine las expectativas, los patrones, los prerrequisitos, etc. Es importante que tanto padres como hijos concuerden sobre los patrones que se van a establecer, pues les servirán como base de cobro y entendimiento mutuo entre todos más tarde (véase el modelo de pacto en el Apéndice, al final del libro).

El pacto puede ser elaborado por los padres y el hijo conjuntamente, o los padres pueden adoptar uno de los pactos. En una ocasión especial, por ejemplo una salida de los padres con el hijo, pueden conversar sobre el pacto y después ratificarlo. De vez en cuando, sería bueno revisar el pacto para mantenerlo vivo en la memoria de todos.

35   Listas de cualidades

Se recomienda que cada joven, *antes de interesarse por un miembro del sexo opuesto*, desarrolle una lista de cualidades deseables en el futuro cónyuge. Esta lista puede contener tantos puntos como usted desee, pero debe quedar claro en su mente cuáles son absolutamente necesarios y cuáles son opcionales. Pueden ser cualidades espirituales, personales y físicas. La lista ayuda a la persona a seleccionar los candidatos, evitando errores de juicio cuando las emociones empiezan a surgir. La lista debe ser motivo de oración (Salmo 37:3-5), tanto por parte del joven como de los padres. Una observación: no haga tan solo una lista de las cualidades que usted desea recibir (para su futuro cónyuge), sino también una de lo que usted desea ser. Esta segunda lista debe incluir las cualidades de carácter que usted mismo quiere desarrollar en su vida para ser el mejor marido o la mejor esposa dentro de lo posible.

36 Prácticas de los novios (prometidos)

Tal vez puede parecer utópico, pero sería muy saludable rescatar una idea que era común hasta hace bien poco, cuando sucedían matrimonios entre dos personas que conocían muy bien a la familia del otro. Las "prácticas de los novios" siguen el principio de que el matrimonio une no solo a dos personas, sino a dos familias, y que, mientras mejor los novios conozcan a la familia del otro, menos problemas tendrán en el matrimonio.

Las prácticas pueden ser de una semana o un año, dependiendo de la situación de las personas involucradas. Cuanto más tiempo, mejor. Cada novio debe pasar un período viviendo con la familia del otro, con el objetivo de observar, aprender y entender. Si es posible que el novio trabaje y ministre con el papá de la novia, sería excelente. Si la novia puede quedarse al lado de la futura suegra, aprendiendo los platos predilectos del novio y otras informaciones útiles, ¡mejor aún! La pareja debe tener cuidado con sus propios patrones de relación en este período, especialmente si están viviendo debajo del mismo techo (sería mejor que cada uno pasara este tiempo en la casa del otro, con pequeños intervalos en el que ambos estén juntos en la casa de uno de ellos).[9]

---

[9] Esta idea es una adaptación de una sugerencia del libro *Best Friends for Life*, de Michael y Judy Phillips (Minneapolis, MN: Bethany House Publishers, 1997).

37 La llave del corazón

Material necesario: Corazón de oro, plata u otro metal de valor colgado en una cadena (collar); una llave del mismo material guardada por el papá o la mamá; lo ideal es que la llave abra el corazón.

Procedimiento: Esta idea se basa en el hecho de que el corazón es la fuente de la vida (Proverbios 4:23) y que los padres tienen la responsabilidad de proteger la pureza y la inocencia de sus hijos. En estos días, en los que parece casi imposible vencer la lucha contra la sensualidad, los padres cristianos tienen que tomar medidas y ser proactivos, y no solo reactivos, a la sensualidad de nuestra cultura.

El papá (o si es necesario la mamá) debe salir con su hija para una noche especial y sofisticada, preferentemente en un restaurante, solamente los dos. Después de la comida, debe entregarle un regalo a su hija: un collar con un corazón colgado. El papá debe explicarle que el corazón representa el corazón de la hija, que debe ser protegido a cualquier costo, y que Dios llamó al papá para ayudar en esta tarea. El objetivo es que ella llegue al día del matrimonio como un "Jardín cerrado" (Cantar de los Cantares 4:12). Por eso, el papá guardará consigo la llave, representando la pureza moral de su hija.

La llave se podrá entregar al novio como parte de la ceremonia de matrimonio. A esta altura, el padre le entrega a su hija y da el testimonio simbólico de que ella fue guardada pura para él.

"LA LLAVE DEL CORAZÓN" sirve como símbolo siempre presente en la vida de la joven de su compromiso con el papá y con Dios. No es un amuleto que garantiza su pureza, pero con seguridad será un paso en la dirección correcta.

Variación 1: En vez de usar un collar, se puede utilizar un anillo, que sirve de recuerdo continuo; todas las veces que la joven mire el anillo recordará que debe proteger su pureza.

Variación 2: De la misma manera que "la llave del corazón" sirve para la hija, "el collar de la mamá" es una idea que sirve para el hijo. En este caso, en vez de que el hijo use un collar con corazón, su papá debe prepararlo para entregarle este collar especial a su mamá en una salida especial, solamente los dos. En esta presentación, el hijo estará entregando su corazón (sus emociones y pureza moral) para ser guardados hasta el día de su matrimonio por su mamá. En esa ocasión, como parte de la ceremonia de matrimonio, ella entregará el corazón de su hijo a la novia, testificando simbólicamente que el hijo fue guardado puro para ella hasta aquel día.

38 El baúl del tesoro

Material necesario: Portajoyas en forma de baúl rústico y pequeño, con cierre apropiado para colocar un candado; un candado pequeño con llave; un pendiente de oro en forma de corazón.

Procedimiento: Tal vez esta idea tenga más utilidad para los hijos hombres de la familia, correspondiendo a la idea anterior ("la llave del corazón").

Los padres (o si es necesario, solamente el papá o la mamá) deben salir con su hijo para una actividad especial. Parte de la conversación debe dirigirse hacia la importancia de la pureza moral y la protección del corazón del joven (Proverbios 7). Al terminar la conversación, los padres entregan el baúl con el corazón de oro dentro. El corazón representa el corazón del hijo, que será guardado por los padres hasta el matrimonio. Juntos, el baúl será cerrado con el candado. Los padres guardarán la llave, y el hijo guardará el baúl en un lugar especial en su cuarto para que le sirva de recuerdo de su compromiso delante de Dios y de sus padres.

De esta manera, como en la idea anterior, ese "recordatorio" también podrá ser parte de la ceremonia del matrimonio. El corazón será entregado a la novia por el novio, demostrando así el corazón puro guardado para ella.

39 Aconsejamiento prematrimonial

Mientras los padres deben ser los técnicos en la preparación de los hijos para el matrimonio, aún hay mucho lugar para otros consejeros, especialmente en el llamado "aconsejamiento prematrimonial". Esta serie de encuentros de orientación matrimonial de manera general son hechos por un pastor y su esposa, o por una pareja con experiencia designada por el pastor. Estos consejeros ayudan a la pareja a conversar sobre aspectos de la vida conyugal que quizá nunca serían levantados. Muchos pastores rehúsan realizar matrimonios entre personas que no pasaron por el aconsejamiento prematrimonial. Las estadísticas prueban que estos encuentros reducen en mucho el número de divorcios en los primeros años de matrimonio.

UNA SUGERENCIA: sería muy bueno si alguna pareja madura y de confianza fuese designada por el liderazgo de la iglesia para acompañar y orientar a los recién casados durante el primer año de matrimonio.

UNA FUENTE: un manual de acompañamiento para novios que muchos han utilizado es el libro *Antes de dizer sim* (Antes de decir sí), de Jaime Kemp (São Paulo: Mundo Cristão, 2004). Contiene muchos ejercicios de evaluación personal y de la relación de los novios que provocan conversaciones serias sobre asuntos importantes.

40   Encuentros individuales

En la preparación de un hijo para el matrimonio, nada reemplaza tiempos individuales con los padres para *abrir el juego sobre el noviazgo, compromiso, sexo y matrimonio*. No se puede (ni se debe) abrir de manera forzada una ventana en el corazón de su hijo, pero es posible crear ambientes propicios para que él mismo abra la ventana. Una excelente oportunidad para hacer eso es por medio de encuentros individuales y regulares con sus hijos.

En nuestra familia, hago esto a través de encuentros particulares en el desayuno. Por lo menos, dos veces al año salgo con cada hijo individualmente para desayunar y conversar. Aprovecho la ocasión para motivarlo diciéndole cuán significativo es y valioso para nuestra familia. Conversamos sobre asuntos de interés de aquel hijo, y en muchas ocasiones esto nos lleva a conversaciones más serias sobre su relación con Dios, con los hermanos y con personas del sexo opuesto.

El papá puede hacer un estudio sobre los principios del noviazgo con su preadolescente antes de que el interés de él sea despertado por el sexo opuesto. Los dos conversan sobre principios, cautelas, el plan de Dios para el matrimonio, etc. Es bueno que el papá llegue antes que el mundo, porque entonces la conversación es más franca y el hijo recibe un mejor consejo. Cuando vaya a tener novia, ya tendrá fijo el consejo del papá en la mente.

Variación: Los padres invitan a sus hijos y novios o prometidos para una cena en un lugar agradable, donde todos puedan sentirse a gusto. La conversación se desarrolla libremente, sin presiones, como buenos amigos.

41   Despedida de los hijos

Cuando uno de los hijos deba salir de casa por primera vez por motivos de estudios, trabajo o cualquier otra causa, planee una serie de comidas especiales, preparadas por los diferentes miembros de la familia, incluyendo los platos predilectos del homenajeado. En esa ocasión, se debe dar la oportunidad para que afloren la motivación y el desafío, así como para hacer entrega de recuerdos.

IDEAS PARA EL

Cumpleaños/aniversarios

A mi familia no le importaban mucho los cumpleaños/aniversarios. Para los niños, había torta y helado, una fiesta de vez en cuando y algunos regalos. Para los adultos, ni siquiera eso.

Después de casado, descubrí el valor de los momentos especiales de gratitud y celebración por la gracia de Dios en dar un año más de vida (o de matrimonio) a alguien. Cumpleaños y aniversarios son recuerdos especiales que Dios colocó para que podamos meditar sobre todo lo que él ha hecho en nuestra vida. Al mismo tiempo, dan la oportunidad para que demostremos amor por las personas y para honrarlas bíblicamente por todo lo que significan en nuestra vida.

Hay muchas maneras de celebrar cumpleaños y aniversarios, y con seguridad cada familia tendrá sus propias tradiciones. Seguidamente, les ofrecemos algunas ideas que pueden seguir para ayudarlos a festejar juntos de forma más creativa, y de hacer que las personas especiales en su vida se sientan amadas y honradas.

42 Se olvidaron de mí

Aliste una fiesta de cumpleaños sorpresa en la casa de un pariente o amigos de la familia. Tome todas las precauciones para que quien cumple años no sospeche nada. Una hora antes de la fiesta, todos salen de la casa diciendo que tienen un compromiso importante, dejando al festejado solo. Póngase de acuerdo con algún pariente para recogerlo y llevarlo a la fiesta a la hora indicada.

Rey/reina por un día

Material necesario: De acuerdo a su creatividad, un cetro, una corona, un trono, etc.

Procedimiento: Avise a la persona que está cumpliendo años que él (ella) será el rey (reina) por aquel día y que el resto de la familia le servirá. Entréguele un cetro, que será usado para dar órdenes. Una poltrona podrá ser decorada como si fuese un trono, y un banquete muy bonito, con los platos predilectos, podrá ser ofrecido en homenaje al soberano, etc.

Té elegante de cumpleaños

Material necesario: Mesa arreglada con tazas de café y platos de porcelana; dulces y tentempiés adecuados para un té.

Procedimiento: Invite a las amigas de su hija para una fiesta de cumpleaños que será un "té elegante". Ellas deben ir vestidas con las ropas y los zapatos de las mamás. Inclusive podrán arreglarse el cabello y usar su maquillaje. Cuando lleguen, avise que deben actuar como mujeres adultas en un té. Podrán realizar algunos juegos apropiados, y después tomar el té y abrir los regalos.

Variación: Haga una invitación más específica. Pida que las niñas vengan arregladas cada una de una manera: una imitando la mamá cuando despierta; otra, la mamá haciendo compras; otra, la mamá en la iglesia; otra, la mamá haciendo aseo en la casa.

Fiesta temática

Para un cumpleaños realmente diferente, procure seguir un tema específico de interés para la persona homenajeada; por ejemplo, una fiesta del viejo oeste, una fiesta "la bella y la bestia", una fiesta supermán, una fiesta "esta es su vida", etc.

Hotel en casa

Material necesario: Un menú con algunos platos y postres.

Procedimiento: Para el cumpleaños de la mamá o del papá, los hijos pueden transformar la casa en un hotel, donde la persona que cumple años se sienta como un huésped VIP. El tratamiento empieza con el desayuno en la cama, un desayuno completo. Prepare el plato predilecto para el almuerzo, tratándolo siempre con formalidad y servicio. Use su creatividad para hacer del día un paseo inolvidable.

47 Aniversario de boda

Material necesario: Regalos o recuerdos representativos de la boda para aquel aniversario.

Procedimiento: Usted puede hacer o comprar un regalo simbólico de la boda celebrada aquel año. También puede planear una fiesta que sigue el tema del aniversario.

BODAS		BODAS	
1 año	Algodón	14 años	Marfil
2 años	Papel	15 años	Porcelana
3 años	Cuero	20 años	Cristal
4 años	Flores	25 años	Plata
5 años	Madera	30 años	Perla
6 años	Azúcar	35 años	Esmeralda
7 años	Lana	40 años	Rubí
8 años	Barro	50 años	Oro
9 años	Hierbas	60 años	Diamante o brillante
10 años	Estaño	70 años	Plata dorada
12 años	Seda o encaje	80 años	Roble

58

48   Cumpleaños fuera de época

Cuando el cumpleaños de alguien caiga en una época difícil de celebrar, cambie el día, pero sin avisar a la persona que cumple los años. Escoja un día (puede ser inclusive en otro mes) y decore la casa con tiras. Prepare una comida especial y una fiesta sorpresa. Hágalo todo como si fuese el cumpleaños de verdad.

49   Banderas especiales

Material necesario: Papel, colores y telas de colores.

Procedimiento: Hágale a cada miembro de la familia una bandera dibujada y confeccionada con su nombre bien visible. Se le regala a cada miembro de la familia su respectiva bandera en el día de su cumpleaños; de hoy en adelante, estas banderas deben estar expuestas delante de la casa en ocasiones especiales, como cumpleaños, el regreso de un viaje distante, la marcha a la universidad, etc.[10]

50   Cumpleaños espirituales

La conmemoración de los cumpleaños espirituales de los miembros de la familia puede ser un testimonio muy fuerte para otros familiares. Las personas que recuerdan la fecha de su conversión deben registrarla en la agenda familiar. Aquellos que no saben la fecha exacta no deben sentirse *ciudadanos de segunda clase*, pues pueden escoger una fecha personal que les servirá cada año como el día de su cumpleaños espiritual. En la conmemoración, canten el cumpleaños feliz *(Happy Birthday)*, hablen sobre las cualidades y dones del homenajeado, y concluyan con una torta y velas, representando el número de años como hijo de Dios.

---

[10] Adaptado de *Filhos felices*, del Dr. Ross Campbell (São Paulo, SP: Mundo Cristão, 1985) 59.

51 Fiesta de la mayoría de edad

El pueblo judío celebra la mayoría de edad cuando un hijo cumple los 12 años, y así se vuelve un "hijo del mandamiento" *(bar-mitzvah)*, considerándolo un miembro responsable de la comunidad de la fe. Esta costumbre tiene fundamento en Proverbios 22:6: "Instruye al niño en su camino, y aun cuando fuere viejo no se apartará de él", donde el término "instruye" puede traducirse como "dedica" o "entrega" (en el Antiguo Testamento, era usado en las dedicaciones del tabernáculo, del templo, de las casas, de los muros, etc., para uso del Señor).

52 Celebrando amistades

Para honrar a la persona que cumple años y recordarle cuánto es amada, entre en contacto con la mayor cantidad posible de amigos de esa persona, pidiéndoles a cada uno que escriba una nota, llame o venga de visita durante determinadas horas del día. Llene el día con buenas razones a cada hora o con más frecuencia que en un día normal.

IDEAS PARA

Recuerdos y memoriales

Memoriales son recuerdos visibles y objetivos que recuerdan la fidelidad de Dios en nuestra vida. La palabra de Dios registra muchos de estos momentos de impacto en la vida espiritual del pueblo de Dios: el arcoíris, los altares, las piedras del río Jordán, el arca del pacto, las fiestas judías, el bautismo, la cena del Señor. Necesitamos memoriales porque, como seres humanos, tenemos la tendencia a olvidar lo que Dios ha hecho por nosotros. Los memoriales nos hacen recordar y transmitir esta memoria de un Dios vivo para la próxima generación. También inhiben la reclamación y la murmuración, pues la bondad de Dios está siempre ante nuestros ojos.

Probablemente, nadie construiría hoy un altar en su jardín (a pesar de que esa idea tenga potencial), pero podemos establecer en nuestros hogares recuerdos concretos y creativos que servirán al mismo propósito. Usted no adoptará todas las ideas presentadas aquí, pero esperamos que una u otra estimule a su familia a crear memorias de la fidelidad de Dios en sus vidas.

53 Árbol genealógico

Investiguen los datos de las familias materna y paterna: nombres de los parientes, fechas de nacimiento, matrimonio, hijos y fallecimientos, así como historias personales, de trabajo, cualidades. Hagan un esfuerzo para recolectar datos desde los bisabuelos. Reúnanse para trazar la genealogía de la familia y dejarla registrada. Si es posible, incluyan fotos. Aprovechen para destacar cualidades de carácter y agradecer a Dios por esta herencia.

54   Cápsula del tiempo

Material necesario: Frasco bien lavado; recuerdos de eventos impactantes del año (fotos, monedas, estampillas conmemorativas, etc.); registro de los momentos tristes y alegres; listas de respuestas de oración.

Procedimiento: Coleccione varios memoriales durante todo el año. Al finalizar el año, júntelos con los propósitos del año siguiente y con los pedidos de oración, y colóquelos en una "cápsula del tiempo". Péguele al frasco una etiqueta con la fecha y entiérrelo en el jardín, o colóquelo en un lugar especial de la casa. Al terminar el siguiente año, o inclusive después de cinco años o más, desentierre la cápsula del tiempo para recordar con la familia la fidelidad de Dios y los eventos especiales registrados allí.

Variación: Haga una cápsula del tiempo en un cumpleaños especial (por ejemplo, el 13º o el 15º) y marque una fecha que sea muy especial para desenterrarla (por ejemplo, al finalizar la adolescencia).

55   Escudo familiar

Material necesario: Madera, cartón u otro material en forma de escudo; objetos que caracterizan a la familia.

Procedimiento: Todos deben reunirse para conversar sobre las marcas que caracterizarán a la familia. Después decidir qué objetos podrían simbolizar cada marca. Podrían hacerlos o comprarlos, y después armar el escudo y colocarlo en un lugar bien visible. El escudo de nuestra familia incluye los siguientes objetos:

- **Nombre de la familia:** por ejemplo, Merkh.
- **Salmo 127:** el pasaje que está grabado en nuestras argollas de matrimonio, esto es, "Si Jehová no edificare la casa, en vano trabajan los que la edifican".
- **Figuras:** ocho personas, representando a cada miembro de nuestra pequeña familia.
- **Fecha de fundación:** por ejemplo, 1982.
- **Notas musicales:** representando nuestro interés en la meta de formar un conjunto instrumental.
- **Libros:** ilustrando nuestra costumbre de leer libros juntos.
- **Globo:** para enfocar nuestra atención en la Gran Comisión (Mateo 28:18-20).
- **Iglesia:** para recordarnos nuestro compromiso con el cuerpo de Cristo.
- **Diario de la familia.**

56 Caja de sombras (armario de memoriales)

Material necesario: Un pequeño armario con puertas de vidrio, o un estante ornamental protegido; objetos que representen eventos de impacto en la vida familiar.

Procedimiento: El propósito de la caja de sombras es preservar en la memoria de la familia los hechos y los eventos especiales que tienden a caer en el olvido. Siguiendo el modelo bíblico de los memoriales, como los altares de los patriarcas, las piedras sacadas del mar Rojo y del río Jordán, el arca del pacto, la cena del Señor y el bautismo, este pequeño armario guardará objetos que servirán de recuerdo constante y visible de eventos impactantes en la historia de la familia.

Para armar su caja de sombras, es necesario reunir a la familia y realizar una *lluvia de ideas*, en la cual ustedes generarán

una lista de los eventos más importantes en la vida familiar
(véanse los ejemplos que siguen). Después, intenten colocar los
eventos en orden de prioridad (todos podrán votar) para decidir cuáles deben ser conmemorados. Sería bueno empezar con
un número limitado de eventos de 5 a 7, para poder colocar
otros después. La próxima tarea es pensar en objetos que representen estos eventos. Por último, la familia debe buscar estos
objetos o confeccionarlos para colocarlos dentro de su caja de
sombras. Este estante debe quedar en un lugar especial, con el
fin de servir de recuerdo constante de la gracia y misericordia
del Señor. Debe usarse de vez en cuando como parte del culto
doméstico de la familia, contando las historias de la fidelidad
de Dios para la próxima generación. De esta manera, la familia estará atenta para nuevas evidencias de la buena mano del
Señor sobre ella.

ALGUNOS EJEMPLOS:

En nuestra sala de estar, tenemos nuestra caja de sombras
en un lugar especial, hecho que genera preguntas y oportunidades para dar testimonio de la fidelidad de Dios con
nuestra familia. Dentro colocamos varios objetos que representen estos eventos:

- **Serpiente de plástico:** Dios protegió a nuestra hija menor, Keila, recién nacida, de una serpiente coral que estaba debajo de la colcha de su cuna.
- **Maleta café:** La policía de São Paulo recuperó todos
  nuestros documentos después de que fuesen robados
  en un asalto.
- **Carro pequeño (juguete):** Daniel casi fue atropellado
  en una ocasión en que la familia salió a pasear.
- **Cheque devuelto:** Nos recuerda la providencia de último momento de una pensión en la facultad.
- **Miniatura de una casa:** Conmemora la manera casi mi-
  lagrosa por la cual Dios nos dio una vivienda propia.

Variación 1: En vez de usar un pequeño armario con puertas de vidrio, escojan cualquier armario visible en la casa.

Variación 2: Una réplica de la caja podrá entregársele a cada hijo cuando se case como recuerdo perpetuo de la familia de origen y estímulo para colocar nuevos recuerdos a lo largo de los años.

Variación 3: La caja de sombras puede servir también como un memorial para iglesias en el momento de un aniversario especial (en el 15.º aniversario de nuestra iglesia, por ejemplo, hicimos un culto en el que recordamos la fidelidad de Dios a través de los años, utilizando testimonios simbolizados por miniaturas, colocadas en un recipiente de cristal a la entrada del templo).

57 Colcha de recuerdos

Material necesario: Un cuadrado de tejido bordado o pintado, que represente algo de cada año de vida de su hijo o hija.

Procedimiento: Arme los cuadrados, formando una colcha. Coloque la manta acrílica y un forro por detrás. Entréguesela a su hijo antes de que se case o salga de casa. Le servirá como recuerdo especial de su infancia.

Variación: En vez de bordar cuadrados, haga una colcha de cuadrados cortados de las ropitas viejas que el niño usaba y que más le gustaban. Estas deben guardarse anualmente hasta que tenga la suficiente ropa para hacer la colcha.

58 Adornos anuales

Haga una decoración anualmente con el fin de colgarla en el árbol de Navidad para cada miembro de la familia. Coloque el nombre de la persona, el año y, si es posible, la referencia de un versículo bíblico. Cuando el hijo crezca y salga de casa, llevará con él todas las decoraciones, una para cada año de su vida.

59   Álbum de recuerdos

Junte algunas fotos de la pareja desde el comienzo del noviazgo y colóquelas en un álbum, en orden cronológico. Haga una grabación en la portada: "Nuestros mejores momentos". Regáleselo a su cónyuge en alguna fecha especial para la pareja.

Variaciones: Arme un álbum (de toda la familia) para su hijo o hija cuando se vaya para empezar la universidad, o vaya a pasar un tiempo fuera del país, antes de su matrimonio, etc.

60   Grabaciones y filmaciones

Material necesario: Filmadora, grabadora, cintas.

Procedimiento: Este memorial puede ser preparado anualmente en una misma época del año, como, por ejemplo, la semana entre la Navidad y el Año Nuevo. Cada miembro de la familia debe ser filmado/grabado. Incluya testimonios sobre las dificultades y victorias del año, las bendiciones recibidas, canciones, versículos bíblicos. Sugerimos que también sean grabados otros momentos especiales del año, particularmente el testimonio de los niños después de su conversión. Las grabaciones y filmaciones son particularmente preciosas para observar el crecimiento de cada hijo.

Variación: Recuerdos de los abuelos: inviten a los abuelos para una noche especial de historias y entrevistas. Las preguntas deben ser preparadas con antelación. El programa debe ser grabado y guardado en un archivo familiar. Pregunte que pueden hacer los niños:

- Hablen sobre sus padres, hermanos o hermanas.
- ¿Cómo eran los medios de transporte cuando ustedes eran niños?
- ¿Cómo se conocieron?

○ ¿A qué iglesia iban cuando eran adolescentes? ¿Cómo eran los cultos?

○ ¿Cómo se convirtieron?

○ ¿Cuál fue el momento más alegre de su vida? ¿Y el más triste?

○ ¿Cuál fue el susto más grande que ya tuvieron?

○ ¿Cómo eran nuestros padres cuando niños?

61 | La herencia familiar

Hace casi 2.500 años, el filosofo griego Heráclito dijo: "El carácter de un hombre es su destino". Tenía razón, pero aún podríamos decir: "Y el carácter de un hombre puede ser el destino de su familia". Proverbios nos recuerda: "En el temor de Jehová está la fuerte confianza; y esperanza tendrán sus hijos" (Proverbios 14:26).

De acuerdo a Éxodo 20:5-6, un padre con el corazón dirigido hacia Dios verá la misericordia de Dios derramada en su familia durante mil generaciones, o sea, ¡entre 25 y 40 mil años!

La idea de la "herencia familiar" se basa en la historia de los recabitas en Jeremías 35. Los recabitas eran descendientes de Recab, que vivió durante el reino perverso de Israel. En una época en que había reavivamiento (aunque incompleto) en Israel, Recab estableció una "herencia familiar" o "pacto familiar" con todos sus descendientes. Les dio la orden de que se mantuvieran puros y separados de la contaminación del mundo en todas las generaciones. Cuando llegamos a Jeremías 35, los descendientes de Recab habían guardado esa herencia al pie de la letra durante 250 años, testimonio de fidelidad usado por el profeta en contraste con la infidelidad del pueblo.

Una "herencia familiar" puede ser tan simple o detallada como los padres quieran. Lo que importa es que los valores, las convicciones y los patrones familiares sean debidamente anotados, preservados y transmitidos a los hijos y a los nietos con seriedad.

Ejemplos de cosas que pueden ser incluidas en esta "herencia familiar":

- ⮑ Declaración de fidelidad a las escrituras.
- ⮑ Declaración de compromiso con la iglesia local.
- ⮑ Declaración de compromiso con la alianza conyugal.
- ⮑ Declaración de amor mutuo e incondicional.
- ⮑ Declaración de fidelidad moral.

IDEAS PARA

Viajes

Un salto a la tienda de la esquina, un paseo por el parque, vacaciones familiares en otro departamento, estado o provincia son oportunidades para que los miembros de la familia viajen juntos. Estos viajes también pueden ser aprovechados con un poco de disciplina e imaginación para promover el crecimiento en la gracia y más comunión en la familia.

Deuteronomio 6:6-9 manda que los padres hablen sobre Dios y su Palabra mientras están "andando por el camino". El padre atento reconoce todas las oportunidades de invertir en la vida de sus hijos. En vez de poner en marcha la radio o hablar del tiempo, ¿qué tal rescatar estos momentos para promover más intimidad y comunión en la familia? Aproveche algunas de las ideas que siguen o cree las suyas (también véase el libro *101 ideas creativas para grupos pequeños*).

62 Veinte preguntas

Uno de los participantes escoge un personaje bíblico. Los demás deben adivinar de quién se trata, realizando, a lo sumo, 20 preguntas que deben ser respondidas tan solo con un "sí" o un "no". El primero que descubra la identidad correcta gana el derecho de escoger el próximo personaje.

63 Yo veo

La primera persona empieza declarando: "Veo algo que usted no ve, y el color es _____". Los otros tienen que adivinar lo que la persona está viendo. Quien acierte continúa con una nueva afirmación: "Veo algo…".

64 Viajaré y llevaré

Empiece el juego diciendo: "Viajaré y llevaré _____". Diga algo que empiece con la primera letra de su nombre. La siguiente persona que juegue debe repetir la misma frase, pero ha de terminar usando una palabra que empiece con la primera letra del nombre de ella. Si lo hace bien, usted dice: "Sí, puede llevarlo". Si se equivoca, diga: "No, no puede llevarlo". Continúe el juego hasta que todos descubran el acertijo.

65 Popurrí de coros

Un viaje largo pasa mucho más rápido con un popurrí de coros. Una persona empieza, sugiriendo un coro que todos conozcan. Enseguida, otra sugiere otro corito que empiece con una de las palabras con las que el anterior terminó. Prosigan hasta agotar las posibilidades. Cuando la secuencia sea imposible, empiecen otra vez.

66 Limpiar el ambiente

Fuimos permanentemente impactados por nuestros padres con uno de los mandamientos de los *Boy Scouts*: "Dejar siempre más limpio el lugar donde estuvimos que cuando llegamos". Los padres pueden enseñar este principio a los hijos, insistiendo en él, en todos los lugares que visitan. Pueden inclusive imitar un proyecto hecho por algunos empresarios japoneses, quienes salían para un lugar determinado, con la intención de limpiarlo y transformarlo en algo agradable.

67 Deletreando

El objetivo del juego es formar palabras largas. El juego empieza con una persona que sugiere una letra contenida en la palabra que tiene en mente. La próxima incrementa otra letra, pensando en una palabra que empieza con las dos primeras letras colocadas (puede o no ser la misma palabra que el primero estaba pensando). La tercera persona continúa, y ella también acrecienta una letra, con una palabra en mente.

Si alguien quiere, puede sugerir cualquier letra, sin tener una palabra concreta en mente. En este caso, si los otros participantes desconfían, lo pueden desafiar a decir la palabra que ha pensado. Si no consigue decir la palabra, el participante quedará fuera de esa jugada; en cambio, si consigue identificar una palabra, la persona que le hizo el desafío debe salir. El juego termina cuando alguien cierra una palabra que no puede recibir ninguna letra más. Esta persona deberá salir del juego. Prosigue hasta conseguir un campeón.

> **EJEMPLO:** a ⇢ "r" (pensando en "restaurante");
> b ⇢ "i" (pensando en "risa");
> c ⇢ "d" (pensando en "ridículo");
> d ⇢ "i";
> e ⇢ "c";
> f ⇢ "u";
> g ⇢ "l";
> h ⇢ Puede perder el juego si dice "o" ("ridículo"), pero si dice "i" pensando en la palabra "ridiculizar", el juego prosigue.

68   Sorpresas empaquetadas

Antes de un viaje largo o difícil para los niños, prepare unas bolsas pequeñas que contengan regalos simples empaquetados. Determine un horario en el que cada niño podrá abrir uno de los regalos (por ejemplo, cada media hora o cada hora). Escoja regalos simples, pero que les sirvan de diversión a los niños durante un buen rato.

> **ALGUNOS EJEMPLOS:** plastilina; revista para colorear; cuento; librito de tareas; rompecabezas; etc.

Variación (cuando los padres estén de viaje): Elabore un cuadro cuadriculado con el número de días en que ustedes estarán ausentes. Instruya a los niños a marcar con una "X" cada día que ha transcurrido, de manera que, a medida que el cuadro se vaya completando, ellos noten que está más cerca el día del regreso de ustedes. Pegue en cada cuadrado una nota con elogios, una lista de tareas e instrucciones sobre el comportamiento esperado de cada uno durante la ausencia de ustedes.

69   Tareas designadas (viajes largos)

Antes de un viaje largo –puede ser el de las vacaciones–, designe una tarea especial para cada miembro de la familia; por ejemplo, cuando yo era niño, mi familia hizo un viaje de varias semanas, explorando una región del país desconocida por nosotros. Cada uno tenía un área específica de responsabilidad: uno cuidaba de nuestra condición física, preparando ejercicios cuando parábamos para comer y poner combustible; otro era responsable de verificar la limpieza de cada lugar donde parábamos;

alguien siempre tenía que recordar que debíamos sacar fotografías de las atracciones que visitábamos; yo necesitaba recoger recuerdos de cada lugar y montarlos juntos con las fotos en un álbum de recuerdos.

IDEAS PARA

Comidas

Con la industrialización de la sociedad y la llegada de la era de la "informática", la familia sufrió un golpe casi fatal contra la institución que antiguamente era sagrada: la comida familiar. Son pocas las familias que aún disfrutan de las alegrías de reunirse para una o dos comidas al día. Algunas familias luchan para conseguir esto *una vez a la semana*.

En los tiempos bíblicos, compartir una comida era señal de comunión entre los participantes. Hasta había ofrendas y sacrificios simbólicos de comunión, en el que el adorador comía la ofrenda junto con Dios. En Deuteronomio 6:6-9, los padres son orientados a hablar de las palabras del Señor "estando en tu casa", quizá una referencia a la comida familiar. Esta es una de las mejores oportunidades para inculcar la palabra de Dios en el corazón y en la mente de la próxima generación.

Tenemos que rescatar este tiempo precioso para la unión, la comunicación y la instrucción familiar. Con algunos sacrificios, toda la familia debe tener condiciones de agendar por lo menos algunos encuentros familiares alrededor de la mesa. Con un poco de imaginación y disciplina, se podrían transformar las pocas comidas que se realicen juntos en ocasiones de gran alegría y fruto eterno.

Pruebe algunas de las ideas que siguen y cree las suyas para el bienestar de su familia.

70   Pícnic en el jardín

La familia puede preparar un encuentro especial o simplemente llevar la merienda para tomarla fuera de casa, tal vez en un parque, en el bosque o en otro lugar que les guste. Si es posible, lleven un mantel de cuadros, una cesta con toda la comida, gaseosas o jugos, etc. Si tienen tiempo, pueden jugar juntos en el parque, dar un paseo por la naturaleza o realizar cualquier otra actividad divertida.

Variación:

PÍCNIC EN LA SALA DE ESTAR: Si es difícil salir de casa o del apartamento, ¿qué tal hacer su pícnic en la misma sala de estar? Extienda el mantel en el suelo y siéntense todos alrededor.

71   Nuevo cocinero

Material necesario: Todos los ingredientes para el plato predilecto de su esposa y de sus hijos.

Procedimiento: El papá debe preparar toda la comida, desde la ensalada y el jugo hasta los platos principales. Después de la comida lave la vajilla, dejando la cocina tan limpia como antes.

72   Mi hija en valor

En una noche en que los hombres de la casa estén fuera, haga una cena especial para su hija(s). Hágale(s) su comida predilecta, y arregle la mesa con una vajilla de porcelana, a la luz de las velas, flores, etc. Será un tiempo muy especial para madre e hija(s).

Variación: Los hombres de la casa también pueden tener su propia noche en la cocina para hacer lo que les agrade (¡sería bueno si las mujeres estuvieran distantes!).

Cena chic en el supermercado

Cuando el presupuesto familiar no permite salir con frecuencia a un restaurante, piense en esta idea: establezca un valor límite para gastar con la familia en el supermercado. Cada uno puede opinar sobre las compras, o los padres pueden dejar que los hijos lo hagan todo. La única regla es no sobrepasar el valor estipulado ni complementar la comida con alimentos que fueron comprados previamente. Vuelvan a casa para hacer su *comida chic* del supermercado.

Esta idea trae muchos beneficios: enseña a los niños a trabajar juntos, preparar un presupuesto, reconocer los límites de un presupuesto familiar y el valor de las cosas, etc. Además, es muy divertido, y todos deben comer bien, ¡gastando mucho menos que en el restaurante!

Variación: Vaca o fondo común para la comida: planifique con antelación el menú, con la participación de todos los miembros de la familia. Verifique cuáles son los ingredientes que tienen que comprar. Cada miembro será responsable de preparar un plato y de la compra de los ingredientes que precise. Todos compartirán los platos que se hayan preparado.

Cena del abuelo

Para honrar a los abuelos, la familia debe invitarlos a un almuerzo o comida muy especial. Los niños pueden preparar las invitaciones con dibujos especiales para sus abuelos. Estas serán entregadas personalmente o por correo. La 'limusina' familiar debe recogerlos, con el papá sirviendo de 'chofer' (vestido para la ocasión), y los abuelos deben ir en los asientos traseros. Al llegar a la casa, la familia los saludará de modo oficial. Los niños pueden servir la comida (con la supervisión de la mamá, ¡claro está!), usando todas las reglas de etiqueta adquiridas. También pueden hacer presentaciones especiales de arte, poesía, música y regalos. Será una noche que les enseñará a todos la importancia de honrar a los mayores, respetarlos por medio de buenas modales, etc.

75   Oración familiar

Eviten la monotonía en la oración antes de las comidas, aprovechando algunas de estas ideas:

➲ **Postura:** oren de pie, arrodillados, agarrados de la mano, con las manos levantadas, etc.

➲ **Método:** la oración de gratitud puede recitarse en voz alta, silenciosa, en frases cortas o completando expresiones como "Gracias, Señor, por _____" o "Yo te amo, Señor Jesús, porque _____". La oración también puede ser cantada (coros de gratitud y/o hecha al comienzo, durante la mitad o al final de la cena).

76   Café colonial

Esta idea es simple, pero trae una variación interesante a las comidas familiares. En vez de un almuerzo o comida normal, servir comidas típicas de un desayuno "colonial": tortas, panes, huevos cocinados, cereales, jugos, etc.

77   Cena progresiva

Esta es otra alternativa para hacer más dinámica su vida en familia y hacer que cada uno valore aún más las comidas familiares. En vez de comer la comida alrededor de la mesa, cada plato será tomado en un lugar diferente de la casa (por ejemplo, en uno de los cuartos, en el balcón, en la sala de visitas, etc.). Ustedes no deben comer deprisa y, si es posible, deben hacer una pequeña programación para acompañar cada etapa de la comida (jugar, cantar, compartir, orar, etc.). La comida será más demorada, ¡pero los recuerdos durarán aún más!

78 Fiesta de la vajilla

Uno de nuestros recuerdos más especiales de la época en que éramos niños es el momento de después de la comida, cuando toda la familia trabajaba reunida en la cocina para retirar lo de la mesa, barrer el suelo y lavar la vajilla. ¡Era una verdadera fiesta de la vajilla! Trabajábamos juntos, pero también escuchábamos grabaciones, cantábamos y, a veces, jugábamos. ¿Qué tal hacer de este momento aburrido en la vida de muchas familias un recuerdo agradable para todos?

79 El plato "usted es especial"

Material necesario: Un plato especial, dibujado, confeccionado por la familia o comprado (pinte en el centro de un plato de porcelana o en el lateral la siguiente frase: "Usted es muy especial para nosotros").

Procedimiento: Algunas familias descubrieron en esta idea una joya de motivación mutua y expresión de amor genuino. "El amor [...] no tiene envidia [...] mas se goza de la verdad", se dice en 1 Corintios 13:4-6. Cuando un miembro de la familia obtiene una victoria especial (una buena nota en el examen de matemáticas, una medalla de natación, un elogio inesperado), se celebra su cumpleaños o se destaca en cualquier actividad, tiene el derecho de comer en el plato especial, mientras los demás comen en platos comunes. Todos deben alegrarse por tener a alguien muy especial en la familia. La oración antes de la comida debe destacar el valor de esta persona para la familia, no solo por lo que hace, sino por lo que es. El plato especial puede acompañarse de algunos privilegios particulares (escoger el postre, recibir el doble, escoger un video para ver, etc.).[11]

80 Sillas asignadas

La sillas asignadas ayudan a algunas familias a evitar discusiones sobre quién se va a sentar al lado de la mamá (¿Por qué siempre con mamá?). Al empezar la semana, coloque los nombres de todos en un vaso y retírelos para asignar el lugar de cada uno durante esa semana (puede estipular cualquier plazo para los asientos asignados: un día, una semana, un mes, y también puede parar con esa práctica cuando juzgue que ya no es necesaria).

[11] Adaptado de *Nós temos filhos*, de Jaime Kemp (São Paulo, SP: United Press, 2005) 33.

IDEAS PARA EL

Ministerio familiar

Si el dicho que dice "¡La familia que ora unida permanece unida!" es verdad, cuánto más lo será la máxima "La familia que ministra unida permanece unida". No hay nada mejor que el ministerio familiar para unir a la familia, equipar a sus miembros para otras tareas, descubrir los dones espirituales de cada uno y alcanzar el mundo. Este frente unido, en cada uno desempeña un papel importante, sirve de testimonio fuerte en un mundo en que la unión familiar está casi extinguida.

> ¡La mejor manera de evitar que la familia sea un campo misionero es hacerla un centro misionero!

El ministerio familiar empezó con la creación de Adán y Eva. Adán no fue capaz de realizar el ministerio de cuidar y cultivar el jardín sin su esposa. Ambos recibieron el mandamiento de dominar la tierra, llenándola con pequeñas imágenes de Dios. Este precedente prosiguió con Noé y Abraham, cuya familia sería una bendición para todas las familias de la tierra (Génesis 12:1-3).

En el Nuevo Testamento notamos la importancia del testimonio familiar en las calificaciones de los líderes de la iglesia que tienen hijos creyentes, obedientes, que respetan a sus padres (1 Timoteo 3:4; Tito 1:6). También leemos del ejemplo de Aquila y Priscila (Hechos 18:18- 26; 1 Corintios 16:19), de las hijas de

Felipe (Hechos 21:8-9) y de la existencia de muchas iglesias en el contexto de hogares cristianos (Colosenses 4:15; Romanos 16:5; 1 Corintios 16:19).

Para estimular la creatividad en la utilización del hogar como centro de misiones y evangelización del mundo, sugerimos las siguientes ideas.

81 Declaración de propósitos de la familia

De la misma manera que empresas e instituciones tienen su "razón de existir" o "misión", la familia también puede tener la suya. Esta declaración ha de incluir el propósito de la familia, resumida en una frase, y los objetivos específicos que deben ser alcanzados. La declaración también puede incluir metas concretas para 1, 5 y 10 años (véase el cuadro siguiente). Esta actividad exige un tiempo significativo de conversación para que se llegue a un consenso. Un ejemplo:

DECLARACIÓN DE PROPÓSITOS DE LA FAMILIA SILVA

Tenemos como propósito glorificar a Dios por medio de la conversión de cada miembro de nuestra familia y del uso de nuestros dones espirituales, con el fin de fortalecer a las familias que están al servicio de Jesús en el contexto de nuestra iglesia.

OBJETIVOS DE LA FAMILIA SILVA

- Conversión de cada miembro de la familia.
- Que cada uno descubra sus dones espirituales.
- Envolvimiento personal de cada miembro de la familia en algún ministerio de la iglesia.
- Entrenamiento/perfeccionamiento de cada uno en las áreas siguientes:
  - conocimiento bíblico (panorama bíblico, doctrinas básicas, etc.);
  - conducta cristiana (vida de acuerdo a los principios de la palabra);
  - experiencia en varios ministerios en el cuerpo de Cristo.

○ Hábitos de vida formados por convicción, y no por legalismo:

➡ hora silenciosa;
➡ contribución para la obra del Señor;
➡ diligencia e integridad en el trabajo;
➡ y comunicación directa.

○ Uso de la casa como abrigo para los miembros de la familia, así como centro de evangelización y edificación para los amigos y vecinos:

➡ hospitalidad (recibir visitas, quizá una por mes);
➡ hospedaje para obreros itinerantes;
➡ y parque de diversiones para los niños del vecindario.

82   Metas de la familia

De la misma manera que la familia hizo una declaración de propósitos (que debe ser prerrequisito para la formulación de las metas específicas), se puede reunir para establecer metas concretas y mensurables a corto y largo plazo. Como alguien dijo, "Quien no tiene nada en la mira, le dará exactamente a esto: nada". Un ejemplo:

METAS DE LA FAMILIA SILVA
METAS DEL 1ER AÑO
○ Realizar el culto doméstico cuatro días a la semana. ○ Adoptar a un misionero, contribuyendo para su sustento y manteniendo contacto por correspondencia cada tres meses. ○ Leer la serie *Crónicas de Narnia,* de C. S. Lewis. ○ Contribuir con un doce por ciento de nuestras entradas financieras para la obra del Señor.
METAS DE 5 AÑOS
○ Leer juntos la Biblia entera. ○ Visitar y ministrar juntos en un campo misionero durante las vacaciones.

- Contribuir con un diecisiete por ciento de nuestras entradas financieras para la obra del Señor.
- Adoptar a tres misioneros.
- Estudiar juntos el libro de los Proverbios.
- Realizar un concilio familiar por lo menos cuatro veces al año.
- Leer juntos tres libros evangélicos al año.

METAS DE 10 AÑOS

- Establecer un pacto familiar que incluya patrones de noviazgo, compromiso, matrimonio y expectativas de testimonio cristiano por parte de los miembros de la familia.
- Contribuir con un veinticinco por ciento de nuestras entradas financieras para la obra del Señor.
- Realizar un concilio familiar mensual.

83　El sueño de la familia

Otra cosa que ayuda a crear identidad familiar es la formulación de un "sueño de la familia". Todos deben colaborar para que este sueño sea expuesto en palabras, escrito en papel y, poco a poco, realizado. Empiece con una lluvia de ideas, mediante la cual serán anotados planteamientos, metas y objetivos que ustedes tienen para el futuro. Permita que todos hablen y no haga críticas (la idea es soñar con lo que les gustaría que la familia fuese o que llegara a realizar). Después de cierto tiempo de reflexión, reúnanse de nuevo para concretar sus ideas en la declaración de un sueño familiar. Este sueño debe ser osado y único, una marca que haga diferente a su familia de las demás. Después de formular su sueño, piense en los pasos concretos que deben ser tomados para hacerlo realidad.

Por ejemplo, descubrimos muy temprano que el estilo de nuestra familia está dirigido para la música. Por eso establecimos el sueño de hacer un pequeño conjunto instrumental para ministrar en nuestra iglesia con músicas de loor. Para que eso suceda, los niños tenían que empezar a estudiar guitarra, violín, trombón y piano. Después de un tiempo, empezamos a ensayar canciones simples y, finalmente, presentamos algunas canciones especiales en la iglesia.

Conocemos a una familia que tiene el sueño de crear un "Instituto Bíblico Ambulante". Quieren reformar un bus para poder viajar al campo, dirigiendo institutos bíblicos instantáneos, distribuyendo literatura evangélica, etc. Para concretar su sueño, ya están haciendo dibujos sobre cómo reformar un bus para convertirlo en una autocaravana propia también para el instituto.[12]

84 Regalo para Jesús

Material necesario: Una caja envuelta y decorada para regalo, con una abertura para depositar ofrendas.

Procedimiento: Durante el mes de diciembre, coloquen la caja debajo del árbol de Navidad o en otro lugar especial en la casa, y llámenla "regalo para Jesús". Cada miembro de la familia debe comprometerse a depositar allí el valor correspondiente a un porcentaje de lo que gastará en regalos de Navidad. En Navidad, antes de abrir los demás regalos, abran el regalo para Jesús y decidan a quién le darán la cantidad recaudada. Como parte de la celebración de Navidad, pueden preparar una torta de cumpleaños para Jesús y cantarle el feliz cumpleaños.

85 Recaudo social – Canasta familiar sorpresa

Material necesario: Bolsas y placas como las usadas por el ejército de salvación.

Procedimiento: Orientar a los niños para pedir alimentos no perecederos en la vecindad, para donación a las familias necesitadas de los suburbios, los orfanatos, asilos, etc.

---

[12] Esta idea está tomada del pastor Jairo Moreira, Seminário Bíblico Palavra da Vida, Atibaia (SP).

Variación 1: Los productos podrán ser de su propia despensa, y también se pueden conseguir en colaboración con familiares, vecinos y amigos. Consiga una caja de cartón y coloque en ella los productos con una nota cariñosa, pero sin identificarse. Escojan una familia necesitada de la iglesia o de su barrio, y dejen la canasta familiar en su puerta, por la mañana. Cuando se despierten, tendrán una sorpresa muy agradable.

Variación 2 (limpieza de guardarropa): Semestralmente, todos los miembros de la familia deberán examinar sus guardarropas, sus cajas de juguetes, etc., separando las ropas y los objetos que no estén siendo usados pero estén en buen estado. Juntos marcarán una fecha para entregarlos en un suburbio, orfanato o asilo.

86 Viajes misioneros

Material necesario: Libros o revistas que contengan información sobre misiones y misioneros de su denominación.

Procedimiento: Escoja un lugar de fácil acceso al cual pueda ir con toda la familia. Ore y planee el viaje durante por lo menos seis meses, reuniéndose como mínimo una vez al mes para evaluar los preparativos. Todos deben enterarse de las necesidades de la misión y de los misioneros, y llevar la ayuda que sea necesaria. El viaje puede ser de una semana o de un mes, dependiendo de la disponibilidad de la familia y de la misión. Comparta el proyecto con los hermanos de la iglesia.

> **OBSERVACIÓN:** tome mucho cuidado para no ser un peso para la misión y los misioneros, entrando en contacto con ellos con bastante antelación y preparándose para ser verdaderos siervos en el campo.

Variación: De vez en cuando, inviten a un misionero que esté de licencia, un pastor u otro obrero cristiano para compartir su testimonio y su ministerio con la familia. Todos recibirán enseñanzas preciosas.

87 Proyecto de adopción

Adopten a un misionero, un seminarista u otro obrero conocido de la familia. Escriban cartas o llamen periódicamente. Invítenlo para comer o para hospedarse con ustedes durante el período de divulgación. La familia también puede participar del sustento financiero, y hasta los niños pueden ayudar, haciendo tareas pequeñas de casa, preparando o vendiendo dulces en la vecindad.

88 Proyectos ministeriales

Un excelente proyecto para desarrollar las habilidades ministeriales de la familia es descubrir los dones espirituales de cada uno, así como demostrar un espíritu de servicio al asumir la responsabilidad por un ministerio de la Iglesia. Las opciones incluyen la escuela bíblica de vacaciones de una congregación de la Iglesia, el culto infantil, una clase de escuela bíblica dominical, el club bíblico en el jardín u otro proyecto a corto o largo plazo. La familia debe gastar un buen tiempo en oración, planeamiento, ensayos, preparación y evaluación posterior.

89 Vamos a la escuela dominical

Motive a sus hijos para que inviten a sus amigos del barrio a participar en la escuela bíblica dominical. Separe una parte de sus economías para alquilar una camioneta *(van)* o solicite a la iglesia el patrocinio. Las invitaciones podrán ser hechas formalmente, confeccionadas por la familia con algún programa de computador.

Variaciones: La programación podrá ser realizada mensualmente, los sábados, en su casa.

90 Jugando en el orfanato

Material necesario: Coros, títeres, historias, etc.

Procedimiento: Lleve a toda la familia a un orfanato (¡converse primero con los directores!) y pase un tiempo con los niños contándoles historias, enseñándoles canciones, haciendo minidramas, jugando, etc.

Variación: En lugar de visitar un orfanato, la familia puede visitar un asilo, entregar tarjetas hechas por los niños a personas mayores, ofrecer pequeños recuerdos, etc.

91 Comida de los vecinos

¿Qué tal agendar cenas especiales de vez en cuando con sus vecinos? Sería una excelente oportunidad para conocerlos mejor y compartir el Evangelio. La cena puede ser con una o dos parejas, o se puede hacer un *juntaollas* con varias familias. Inclusive hasta se puede pensar en fiestas para conmemorar eventos o días especiales. Feriados como la Navidad son particularmente apropiados para fiestas en la vecindad.

Variación (teatro bíblico)*:* Invitar a toda la vecindad para ir al teatrito. El boleto de entrada será un kilo de alimentos no perecederos, que será destinado a una familia necesitada. Ensaye bien las obras de teatro, en las que toda la familia participará.

92 Ofrenda familiar

Como parte de una campaña de misiones u otro proyecto de la iglesia, renuncien por algún tiempo a un determinado placer (paseo, helado, gaseosa, etc.) y entreguen el dinero ahorrado como ofrenda de la familia. Consigan un cofre familiar –una caja o una lata con una abertura–, donde todos depositarán el cambio, monedas u otro dinero, de acuerdo a la disposición personal. El dinero ahorrado debe entregarse en la iglesia, en nombre de la familia, o se puede designar a algún proyecto específico (bultos de cemento para la construcción, pasaje para un misionero, etc.). Lo importante es que todos participen de la entrega.

Variación: Otra opción es que la familia identifique a una familia necesitada y arme una canasta familiar para entregársela (cada miembro de la familia debe participar en las compras, que pueden incluir cosas especiales, y no solo arroz o frijoles). Una o dos veces al año, separen ropa usada, juguetes y otros objetos para dárselos a los necesitados.

93 El refugio abierto

Una idea simple, pero cada vez más rara, es el uso de la familia y del hogar como centro de refrigerio y hospitalidad para otros. La Biblia nos invita a la práctica de la hospitalidad varias veces (véase Hebreos 13:2; 1 Pedro 4:9; 1 Timoteo 3:2; Tito 1:8). La familia puede acoger ministros itinerantes, misioneros en divulgación o inclusive personas en una situación financiera difícil. Con seguridad, la persona hospedada será bendecida, pero la familia lo será mucho más. Los hijos ganarán la visión de mundo, serán enriquecidos por las experiencias de personas diversas y aprenderán a dar sin motivación egoísta.

IDEAS PARA

Las finanzas

Dicen que Jesús habló más sobre finanzas que sobre el propio infierno. El hecho es que las finanzas de muchas familias son un verdadero infierno, un completo caos, causando aflicción y discusión, y hasta siendo arma del enemigo para derrumbar el hogar. Por eso, la familia cristiana necesita preocuparse de su vida financiera. Para ayudar en esta tarea delicada, hicimos una lista de algunos principios bíblicos sobre equilibrio financiero, seguidos por ideas prácticas y creativas que visen esta finalidad.

Principios bíblicos sobre finanzas

- ○ Dios es el dueño de todo (Salmo 24:1).
- ○ Las primicias pertenecen al Señor (Proverbios 3:9-10).
- ○ Dios pide fidelidad en la mayordomía de los bienes, manteniendo prioridades eternas siempre a la vista (Mateo 25:14 y siguientes; 1 Corintios 4:1-5; Mateo 6:19-21, 33).
- ○ Las necesidades de la familia tienen precedencia sobre las necesidades de otros (1 Timoteo 5:8).
- ○ Las necesidades de la familia de la fe tienen precedencia sobre las necesidades de los incrédulos (Gálatas 6:10).
- ○ Dios cuida de las necesidades de sus hijos que son fieles en la contribución (Filipenses 4:19; 2 Corintios 9:7-11).
- ○ El hombre sabio se prepara para el futuro, ahorrando lo suficiente para cuidar de las necesidades de su familia (Proverbios 13:22).

94 — Crédito automático

Material necesario: Aliste algunas fichas con la inscripción "Bono: _____ US$".

Procedimiento: Defina algunas tareas especiales para que sus hijos hagan durante la semana (cortar el césped, regar el jardín, lavar los platos, lavar el automóvil, barrer la casa, etc.). Cada tarea que sea hecha es equivalente a un bono, cuyo valor será determinado anticipadamente por el papá y se le entregará a los hijos después del cumplimiento de su servicio. Cuando llegue el fin de semana, los bonos serán cambiados en el sector de *cambio* del papá.

Variación 1: Débito automático: planee con antelación los viajes, los paseos o los proyectos especiales de la familia. Examine el presupuesto y defina un valor que mensualmente podrá ser transferido a una cuenta de ahorros. Defina recortes que se podrán realizar en el presupuesto (ir al trabajo en bus dos veces por semana, disminuir el consumo de dulces, gaseosas, gastos con paseos) y podrán contribuir con el objetivo. Todos deben estar involucrados, y periódicamente se recordará el objetivo. Solicite al banco que todos los meses transfiera automáticamente el valor que han definido de la cuenta corriente a la cuenta de ahorros.

Variación 2: Las tareas podrán ser definidas para un período de tiempo más grande (un mes, dos meses, etc.).

95 — Tarjeta de crédito

Material necesario: Ficha con la forma de las tarjetas de crédito, que contenga las inscripciones "Vale 1 helado", "Vale 1 pizza", "Vale 1 hora de bolos", "Vale 1 hora de patinar sobre hielo", "Vale 1 hora de fútbol", etc.

Procedimiento: Entregue las tarjetas al comienzo del semestre y estipule una regla diciendo cuántos créditos podrán ser utilizados por mes y cuál es el plazo que usted tendrá para pagar (el vale). Aproveche estos momentos a solas con sus hijos para una buena conversación y para profundizar en su amistad.

96   Tareas de casa

Los niños deben desempeñar tareas diarias como miembros responsables del equipo familiar. También pueden recibir una mesada semanal, pero esto no es necesario para justificar las tareas. Aunque la familia tenga una empleada u otro ayudante en casa, los hijos tienen que aprender principios de diligencia y excelencia en el trabajo, y no hay mejor contexto que el de las tareas de la casa para poder enseñárselo.

Es una buena idea crear una tabla o un gráfico apropiado para la edad del niño, haciendo una lista (o dibujando) sus tareas diarias y semanales. Se puede colocar una estrella o un adhesivo en el lugar de cada tarea que haya sido concluida. Como sugerencias para las tareas se incluyen:

- Arreglar la cama y el cuarto.
- Guardar la ropa.
- Cepillarse los dientes.
- Colocar o retirar los platos y cubiertos de la mesa.
- Lavar los platos.
- Regar las plantas del jardín.
- Barrer el suelo.
- Cuidar de los animales de compañía (limpieza, comida, agua, etc.).
- Sacar la basura.[13]

---

[13] Para otras sugerencias, véase James Dobson, *Ouse disciplinar* (São Paulo, SP: Editora Vida, 1994 [1970]) 75.

97   El presupuesto familiar

Material necesario: 100 monedas o billetes (pueden ser dibujados en papel).

Procedimiento: El propósito de esta actividad es demostrar a los hijos, de forma concreta, los gastos mensuales de la familia y, al mismo tiempo, enseñarles principios bíblicos sobre finanzas.

Para que esto sea posible, es necesario que los padres tengan un buen conocimiento de las entradas y salidas mensuales.

Empiece explicando algunos principios bíblicos sobre finanzas. Enseguida, explique que las monedas (o billetes) representan las entradas mensuales y deudas en pequeños montes, para visualizar los gastos mensuales en las diversas áreas (¡esto hace presuponer que la familia tenga un presupuesto y sepa para donde va su dinero!). Veinte monedas pueden representar el alquiler; veinticinco monedas, los gastos en alimentación; etc. Este ejercicio lleva a que sus hijos perciban mejor las presiones financieras que la familia enfrenta. También ayuda mucho en aquellas horas en que ellos piden dulces y juguetes en el supermercado. Al mismo tiempo, establece principios bíblicos sobre finanzas que ellos pondrán en práctica más adelante, en el uso de su propio dinero. Finalmente, motiva a la administración cristiana en el área de finanzas, destacando el señorío de Cristo sobre todo lo que tenemos.

98   Proyecto economía

Material necesario: Fotocopias de las cuentas de agua, luz y teléfono del último mes.

Procedimiento: Entregue una copia de las cuentas a cada miembro de la familia. Haga una propuesta de que, si consiguen bajar el valor de cada una de las tres cuentas (con relación al mismo mes anterior), con economías diversas, la familia saldrá para un paseo especial (pizza, helado, parque, etc.). De la misma manera, pida para que no desperdicien los alimentos (llenando el plato y después tirando comida a la basura). Oriéntelos a todos para que, así como habrá recompensas si se consigue el ahorro, también habrá pérdida de privilegios si, de un momento a otro, las cuentas suben de nuevo. Inclusive gastando el dinero del premio, los hábitos nuevos adquiridos por la familia recompensarán mucho a largo plazo.

99 El valor real

Usted ya se irritó cuando un niño mimado rompe un juguete u otra cosa en su casa, y le dice con indiferencia: "Usted puede comprar otro". ¡Cómo si el dinero creciera en los árboles! Para ayudar a sus hijos a que entiendan el valor real de las cosas, sería bueno adoptar algunas estrategias:

- No comprarles todo lo que ellos quieren en el momento en que lo quieren. Enseñe a sus hijos a esperar.
- Dar tareas extras, además de las normales (pagas), para que sus hijos aprendan a trabajar por lo que quieren. ¡Tenga cuidado de no terminar pagando un valor exagerado por el servicio prestado! ¡Ellos tienen que aprender que la bicicleta nueva y deseada costará "X" horas de trabajo duro!
- Pedirles que participen de su propio sustento. Sus hijos adolescentes pueden hacerse cargo ellos mismos de la compra de unas propias zapatillas deportivas o de otro gasto semejante.

100 ¿Cuánto cuesta?

Material necesario: Varias cosas de higiene, alimentación, etc., que la familia compra con cierta frecuencia; premios.

Procedimiento: Divida a la familia en equipos o haga una competición entre todos. Coloque una de las cosas mencionadas en la mesa y pídales a todos que adivinen el precio. Entregue un premio pequeño para la persona que más se aproxime del precio real. Continúe con el resto de los objetos. Esta idea ayuda a que todos se conciencien sobre el valor de las cosas que generalmente usa la familia.

101 Multiplicando los talentos

Material necesario: Un valor "X" entregado a cada miembro de la familia.

Procedimiento: La parábola de los talentos (Mateo 25:14-30) nos da una excelente oportunidad para enseñar a nuestros hijos los principios de la administración. Entregue a cada uno un valor "X" predeterminado (1 US$; 5 US$, etc.) y explique que su responsabilidad será invertir ese dinero de manera tal que, al finalizar un plazo estipulado (por ejemplo, un mes), dé la mayor ganancia posible. El niño puede comprar algo para vender, hacer jugo, dulces, artesanías, etc. Mantenga un registro semanal del progreso de cada uno. Aproveche para hablar sobre la importancia de la buena administración, la diligencia, el trabajo, etc.

CONCLUSIÓN

Un último escenario

Durante el último año, la familia Santos se ha reunido todos los jueves para la "noche de la familia". No fue fácil limpiar su agenda, y a veces fue imposible proteger la noche. Pero ha sido, sin duda, el punto álgido de la semana para todos. Hoy, en el desayuno, la familia conversa...

MAMÁ: ¿Qué es lo que vamos a hacer hoy para nuestra "noche de la familia"?

PAPÁ: ¿Quieren terminar el escudo de la familia?

JÚNIOR: ¡Que chévere, papá! ¡Encontraste la última miniatura!

MARÍA: ¿También podemos hacer una comida progresiva?

MAMÁ: Hicimos una comida progresiva hace dos semanas... Hoy nuestra merienda será un café colonial.

JÚNIOR: Papá, ¿no es hoy cuando debemos mandar el paquete para nuestro misionero?

PAPÁ: Tienes razón, hijo. Ya hace rato. Pero ¿qué tal si lo dejamos para la próxima semana?

MAMÁ: Entonces, ¿qué vamos a hacer después de que terminemos el escudo?

PAPÁ: Podemos ver la televisión.

TODOS: Aaaahhhhh...

MAMÁ: Y hablando de televisión, ¿alguien vio la nuestra? Hace tiempo que no la veo.

JÚNIOR: Creo que está debajo del mapa de la tierra prometida que hicimos la semana...

MARÍA (INTERRUMPIENDO): Mamá, ¿puedo ir al centro comercial después del colegio?

MAMÁ: Pregúntele a su papá.

MARÍA: Él me mandó a que hablara contigo.

(¡Algunas ideas no cambian nunca!)

APÉNDICES

PACTO FAMILIAR

PATRONES DE NOVIAZGO

Me comprometo a tener novio(a)...
- Solamente con creyentes.
- Solamente con creyentes con el mismo compromiso con Dios.
- Solamente con la aprobación de mis padres.
- Sin contacto físico hasta llegar al compromiso mutuo, visando el matrimonio.

Firma y fecha: _____   Testigo: _____

NOVIAZGO, COMPROMISO Y MATRIMONIO

PACTO DE LA FAMILIA _____

CREYENDO:

- Que el matrimonio es una institución sagrada, ordenada por Dios para la vida.
- Que Dios colocó a los padres en la posición de orientar a sus hijos respecto a la voluntad de Él para el matrimonio; y que los hijos tienen la responsabilidad de respetar, honrar y someterse al liderazgo de sus padres.
- Que el matrimonio de dos individuos también une a sus familias.
- Que los padres pueden y deben ser los guardianes de la pureza emocional, mental y física de sus hijos.

⮕ Que el matrimonio, para el creyente dentro del plan de Dios, debe ser tan solo con otros creyentes con los mismos propósitos y dirección de vida.

⮕ Que la "multitud de consejeros", que da seguridad en las decisiones de la vida, puede y debe incluir a todos los miembros de la familia más cercana.

PROMETO observar los siguientes patrones en mis relaciones con el sexo opuesto:

⮕ Guardar mis emociones de fantasías sobre noviazgo, amor y matrimonio.

⮕ Compartir con mis padres mis intereses, amistades y sueños sobre miembros del sexo opuesto.

⮕ Informarlos cuando alguien se aproxime a mí con interés en una relación más seria.

⮕ Preparar una lista de cualidades deseables en un cónyuge y hacer de esta lista un asunto de oración.

⮕ Desarrollar amistades saludables con un grupo grande de personas de ambos sexos.

⮕ Desarrollar amistades más profundas solamente con creyentes de la misma dirección y del mismo propósito de vida.

⮕ No conversar sobre una relación más seria de noviazgo, compromiso o matrimonio sin tener primero el permiso de mis padres y la aprobación/incentivo de mi familia más cercana.

⮕ Conservar mi pureza en todas las relaciones con el sexo opuesto, evitando el contacto físico antes del compromiso de matrimonio y situaciones que aumenten la tentación, así como estableciendo hábitos saludables de pensamiento y entretenimiento.

⮕ Oír el consejo de mis padres y obedecer las decisiones de ellos en todas las cuestiones que dicen al respecto de mi corazón y a relaciones con personas del sexo opuesto.

Firma: _____ Fecha: _____

Firma: _____ Fecha: _____

Firma: _____ Fecha: _____

OTROS TÍTULOS DE LA COLECCIÓN
101 IDEAS CREATIVAS